SINNVOLLE FREIZEIT

Inge Höch

Weihnachtsschmuck für Baum und Raum

Alte Kunst – neues Hobby

Franckh'sche Verlagshandlung
Stuttgart

33 Farbfotos und 24 Zeichnungen von Uwe Höch

Umschlag von Edgar Dambacher
unter Verwendung eines Dias von Uwe Höch

CIP-Kurztitelaufnahme der Deutschen Bibliothek

Höch, Inge:
Weihnachtsschmuck für Baum und Raum: alte Kunst, neues Hobby / Inge Höch. – 2. Aufl. – Stuttgart: Franckh, 1979.
(Sinnvolle Freizeit)
ISBN 3-440-04644-3

2. Auflage / 9.–16. Tausend
Franckh'sche Verlagshandlung, W. Keller & Co., Stuttgart / 1979

Printed in Italy / Imprimé en Italie / L 9sl H 0s / ISBN 3-440-04644-3
Satz: Fotosatz Schönthaler, Ludwigsburg
Herstellung: Editoria S.N.C. di G.A. Benvenuto & Co., Trento (Italien)

Weihnachtsschmuck für Baum und Raum

Autorin und Verlag danken Frau Margarete Bach (Atelier für Batik, Schorndorf), die nicht nur einen großen Teil der Ideen und Bastelarbeiten zur Verfügung stellte, sondern auch durch fachkundigen Rat an diesem Buch mitgewirkt hat.

Einleitung

„Auf Weihenachten richtt man Dannenbäum zu Strassburg in der Stubber auf, daran hencket man Rossen aus vielfarbigem Papier geschnitten, Äpfel Oblaten, Zischgold, Zucker . . .“

So berichtet ein unbekannter Chronist um 1605 aus dem Elsaß, wo es die ersten geschmückten, noch kerzenlosen Weihnachtsbäume gab. Heute kann man sich kaum mehr vorstellen, daß der so alt anmutende Brauch, das Weihnachtsfest mit einem *leuchtenden* Tannenbaum zu feiern, eigentlich noch recht jung ist. Erst vom Ende des 18. Jahrhunderts an findet man häufiger Berichte über den Lichterbaum, und um die Jahrhundertwende endlich scheint er in ganz Deutschland – und nicht nur dort – heimisch geworden zu sein.

Sein übriger Schmuck dagegen hat um diese Zeit schon eine Geschichte. Was alles hängten doch Phantasie und Schaufreude, aber auch alte, aus vorchristlicher Zeit stammende Überlieferung an die Zweige! Zweige, die anfangs durchaus nicht nur zu einer Tanne oder Fichte gehören mußten – auch Buchsbaum, Kirsch- und Apfelbäume verschönerten das Weihnachtszimmer, oder man schmückte mit Grün umwickelte Holzgestelle. Schmückte vor allem mit eßbaren Köstlichkeiten: mit Äpfeln, Nüssen, Gebäck, Zuckerzeug, ja sogar mit kleinen Wurstgirlanden und vergoldeten Kartoffeln. Der Grund für diese Bevorzugung des Eßbaren war längst nicht so prosaisch, wie man meinen könnte; lebte im Weihnachtsbaum doch auch die uralte Vorstellung des „Lebensbaumes“ weiter, der seit jeher eine Rolle in Kunst und Mythen fast aller Völker gespielt hatte. Mehr oder weniger unbewußt schlugen sich diese Vorstellungen im Schmuck des – nun christlich interpretierten – Baumes nieder, der aus jeder Sphäre etwas bringen sollte. Die in den Himmel ragende Spitze trug Sterne, Sonne, Mond und Engel, der Luft entstammten die Vögel, die Erde brachte Früchte, Blumen, Tiere, aber auch die Menschen, durch kleine Puppen dargestellt. Das Element des Wassers symbolisierten die Fische (gleichzeitig das älteste christliche Symbol), später auch Schneekristalle und gläserne Eiszapfen. Selbst die „Unterirdischen“ – Zwerge und Wichtelmänner – fanden sich an den Zweigen wieder. Und wenn man das Sinnbild des lebenspendenden Baumes wörtlich nahm, lag nichts näher, als seine Gaben den Menschen im Wortsinn „nähren“ zu lassen. Ein schöner Gedanke eigentlich, auch wenn viele Kirchenmänner damals gegen all das „heidnische“ Brauchtum wetterten. Was ihnen sinnentstellend schien, hatte in Wahrheit tiefverwurzelten, wenn auch oft schon halb vergessenen Sinn – sicher ein Grund mehr, warum der Brauch, den Baum zu schmücken, sich über die Jahrhunderte hinweg erhielt. Vieles kam im Laufe der Zeit dazu, verdrängte Altes, wurde selbst verdrängt. Doch wenn auch *unser* Weihnachtsbaum, *unser* Weihnachtszimmer heute ein wenig anders aussehen als anno dazumal – die Freude

daran, mit Phantasie und Geschicklichkeit weihnachtlichen Schmuck selbst zu basteln, ist geblieben.
Dieses Buch soll ein praktischer Helfer dabei sein und Anregungen geben, wie man Baum und Raum auf persönliche Weise stimmungsvoll verwandeln kann. Seine elf Hauptkapitel enthalten jeweils Vorschläge zu Basteleien mit einem bestimmten Grundmaterial. Wenn man also von vornherein mit einem dieser Grundstoffe arbeiten will, findet man „sein" Kapitel auf Anhieb. Darin erfährt man auch als erstes, was es mit dem Material auf sich hat: besondere Eigenschaften, Ratschläge zur Verarbeitung, wo bekommt man es, was muß man beachten. Hier und da auch: Was machte man vor hundert und mehr Jahren um die Weihnachtszeit daraus ... Zu jeder einzelnen Arbeit wird dann der genaue Material- und Werkzeugbedarf angegeben. Vorausgesetzt, da man sie fast in allen Fällen braucht, werden lediglich: ein weicher und ein harter Bleistift, ein Lineal, ein Radiergummi. Es folgt jeweils eine präzise Arbeitsanleitung, die einen auch bei kniffligeren Details nicht im Stich läßt. Wo die wörtliche Beschreibung nicht ausreicht, helfen Zeichnungen weiter, und jedes der 51 beschriebenen Weihnachtsschmuckstücke ist mindestens einmal auf einem Farbfoto zu finden. Auf einen Blick erkennt man auch, wofür die vorgeschlagene Bastelei geeignet ist: Das Zeichen ↟ neben der Überschrift signalisiert „Baumschmuck", ☐ steht für „Raum", Geschenke und Sonstiges. Unter dem Zeichen ❄ schließlich, das am Schluß einiger Anleitungen auftaucht, kann man Variationsvorschläge und Ergänzungen, zusätzliche verwandte Basteleien und praktische Hinweise entdecken.

Papier und Karton

Es gibt wohl kaum einen Werkstoff, der so vielseitig zu verwenden ist wie „ein durch Eigenverklebung und Verfilzung von Fasern entstandenes blattartiges Gebilde" (so die Definition des dtv-Lexikons) namens Papier. Ganz genau weiß man nicht, wann dieser Stoff mit den phantastischen Eigenschaften erfunden worden ist – aber immerhin entdeckte man ein Dokument mit dem Datum 98 n.Chr. In Deutschland läßt sich die Papierherstellung (verwendet wurde es schon früher) „erst" für das ausgehende 14. Jahrhundert nachweisen. Zweihundert Jahre später aber hingen schon die in der Einleitung zitierten „Rossen" aus Papier am Weihnachtsbaum, und die blieben bis ins 20. Jahrhundert hinein längst nicht der einzige papierene Baumschmuck. Geflochtene Netze und zarte Girlanden, vielerlei Sterne natürlich, kunstvolle Körbchen, durchbrochene Tüten, bunte Schächtelchen, die man mit Bonbons füllte – den Möglichkeiten waren kaum

Grenzen gesetzt. In der späten zweiten Hälfte des 19. Jahrhunderts wurde Baumschmuck aus Papier beziehungsweise Karton auch industriell hergestellt. Am bekanntesten war der Dresdner Christbaumschmuck, der aus vollplastischen Figürchen aus geprägter Pappe bestand. Man verwendete entweder metallkaschierten Karton oder ließ die vorgefertigten Teile, die in Heimarbeit zusammengesetzt und ausgeschmückt wurden, bemalen oder versilbern und vergolden. Seltsamerweise stellte man keine „typischen" Weihnachtsfiguren – etwa Engel, Sterne, Krippen – her, sondern hauptsächlich jederart Tiere, aber auch Tänzerinnen, Schlittengespanne und selbst so prosaische Dinge wie Dampfer, Lokomotiven und Fahrräder. Das lag wohl am noch ungebrochenen Stolz auf das eben beginnende technische Zeitalter . . .
Baumschmuck aus Papier wird heute wohl nur noch wenig gemacht – auch unsere hier beschriebenen Basteleien sind mehr für die Adventszeit oder als kleine Geschenke gedacht. Über das Material Papier und Karton („Karton" heißt ein Papier mit 200 bis 600 g Quadratmetergewicht) muß nicht viel gesagt werden. Man sollte beim Kauf, falls man nicht vorhandene Reste verwerten kann, nur drei Punkte beachten: Es sollte möglichst elastisch, radier- und leimfest sein. Ansonsten kann man ganz nach Lust und Laune unter den vielerlei Farben und Strukturen auswählen und braucht sich nicht haargenau an die hier angegebenen Sorten zu halten.

Weihnachtswichtel ☐

Das braucht man: Flexiblen Zeichenkarton, 1 naturfarbene Holzperle ∅ 1,5 bis 2 cm, etwas Watte oder Engelshaar, Reste von farbigem Glanzpapier oder Zackenlitze oder schmale Borte, 1 Streichholz, einen schwarzen und einen roten Filzstift, 1 rote Holzperle ∅ ca. 0,4 cm, Klebstoff (z. B. Pritt-Alles-Klebe-Creme), Zirkel, Schere.

So wird's gemacht: Einen Kreis von 9 cm Durchmesser auf dem Karton ziehen und ausschneiden. Aus der Scheibe ein Drittel herausschneiden. Das Drittel auf Zeichenkarton legen, mit einem spitzen Bleistift umfahren und dieses Duplikat ebenfalls ausschneiden (s. Abb. 1a). Den Zweidrittelkreis zu einer Tüte formen und so zusammenkleben, daß die Kanten am unteren Rand ca. 3,5 cm übereinanderliegen. Soviel von der Tütenspitze abschneiden, daß ein Streichholz eben durch die Öffnung paßt. Für die Arme eins der beiden ausgeschnittenen Kreisdrittel in zwei Hälften schneiden, jedes der beiden Teile an der Spitze um ca. 0,5 cm kürzen und zu einer kleinen Tüte kleben. Das übrige Kreisdrittel, das zur Zipfelmütze werden soll, ebenfalls tütenförmig zusammenleimen (darauf achten, daß die Öffnung auf die große Holzperle paßt!). Aus dem Glanzpapier schmale Streifen für Manschetten und Mützenrand sowie drei kleine Kreise als Knöpfe schneiden und aufkleben oder den Wichtel mit Zackenlitze verzieren. Die Arme seitlich an den Körper kleben. Jetzt in den Körperteil ein

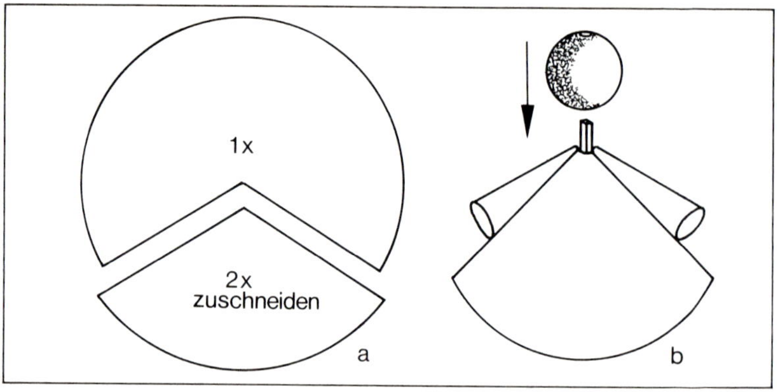

Abb. 1. a) Schnittmuster für den „Weihnachtswichtel"; b) So wird der Holzperlenkopf befestigt.

Streichholz ohne Zündkopf schieben, so daß es oben ca. 1 cm herausragt, und mit einem Tropfen Klebstoff fixieren. In die Öffnung des Holzperlenkopfes ebenfalls Alleskleber füllen, etwas antrocknen lassen und die Perle dann auf das Streichholz schieben und andrücken (Abb. 1b). Watte als Haare um den Perlenkopf kleben, darüber die Zipfelmütze. Mit schwarzem und rotem Filzstift Gesicht aufmalen und zum Schluß die kleine rote Perle mit wenig Klebstoff auf die Mützenspitze kleben (Abb. 2).

Abb. 2. „Weihnachtswichtel" und das benötigte Arbeitsmaterial.

❆ Nicht nur das Basteln dieser winzigen Zwerge macht Spaß – sie können auch bei einem hübschen alten Brauch mitspielen: beim „Wichteln" nämlich! Gewichtelt wird in der Woche vor Weihnachten oder in der ganzen Adventszeit, und zwar so: Alle Familienmitglieder schreiben ihre Namen auf einen Zettel, die Papierchen werden durcheinandergeschüttelt, und jeder zieht eins heraus. Für denjenigen, dessen Namen man gezogen hat, ist man dann eine Woche lang „Wichtel". Das bedeutet, man erledigt still und heimlich kleine Arbeiten für ihn (z. B. Schuheputzen, Abspülen, Kinderzimmer aufräumen), legt ein Betthupferl aufs Kopfkissen oder sorgt sonstwie für kleine Überraschungen. Da, wo der Wichtel etwas erledigt oder vorbereitet hat (natürlich ohne sich „erwischen" zu lassen), hinterläßt er einen Weihnachtswichtel – manchmal vielleicht mit einem Zettel, einem kleinen Vers o. ä. Vorher muß man dann natürlich eine ganze Reihe Männlein basteln und außerdem einen „Parkplatz" vereinbaren, wo sie von jedem Familienmitglied bei Bedarf stibitzt werden können und wo sie abends alle wieder versammelt werden.

Schwebende Herzen ☐

Das braucht man: Roten Fotokarton (das ist ein leichter *durchgefärbter* Karton, also ohne weiße Rückseite) oder rotes Tonpapier, rotes Nähgarn (am besten Zwirn), Nähnadel, Schere, 1 Heftzwecke, 2 Rundhölzer ∅ 0,2 cm (gibt es zugeschnitten auf 1 m Länge in Bastelläden), Hartkleber (z. B. Stabilit Dur).

So wird's gemacht: Man braucht 11 (oder eine höhere ungerade Anzahl) verschieden große Herzen, schneidet also zunächst 11 Kartonstücke entsprechender Größe zu. Jedes zur Hälfte falten, eine Herzhälfte aufzeichnen (offene Seite zum Bruch) und in diese Herzhälfte mit etwas Abstand zwei weitere (Abb. 3a). Aus dem doppelten Karton das äußere halbe Herz (das auseinandergefaltet ein ganzes ergibt) ausschneiden. Noch nicht auseinanderklappen, sondern die auf Abb. 3a weiße Fläche herausschneiden. Es bleiben ein großer Herzrahmen und ein kleines Herz. Durch das kleine Herz oben mit der Nähnadel einen Faden von der doppelten Länge des gewünschten Aufhängers ziehen und zweimal verknoten. Das kleine Herz dann mit der Nadel und dem jetzt doppelten Faden so an dem Herzrahmen befestigen, daß es etwa in der Mitte hängt (Abb. 3b). Nochmals durch den Rahmen stechen, damit nichts verrutschen kann. Alle 11 Herzen auf diese Weise fertigstellen und jeweils unterschiedlich lange Aufhängefäden wählen.
Für den Doppelstern, der die Herzen tragen soll, sechs Rundholzabschnitte von je 25 cm Länge zuschneiden. Aus dreien jeweils ein Dreieck zunächst mit einem Hartkleber an den Überschneidungspunkten zusammenleimen, dann diese Stellen mit rotem Zwirn umwickeln und die Enden verknoten. Die beiden Dreiecke versetzt aufeinanderlegen (Abb. 4) und an zwei einander

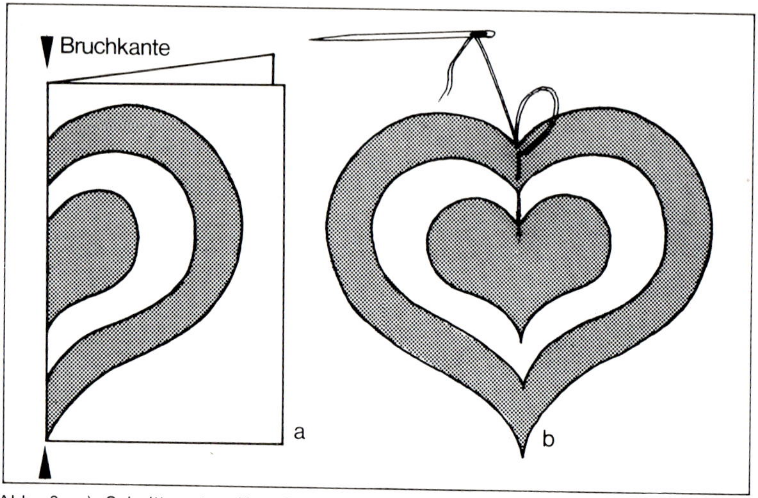

Abb. 3. a) Schnittmuster für „Schwebende Herzen"; b) So wird das kleine Herz mit doppeltem Faden im Herzrahmen aufgehängt.

Abb. 4. Zwei aus dünnen Rundhölzern zusammengesetzte Dreiecke bilden den Doppelstern, der die „Schwebenden Herzen" trägt.

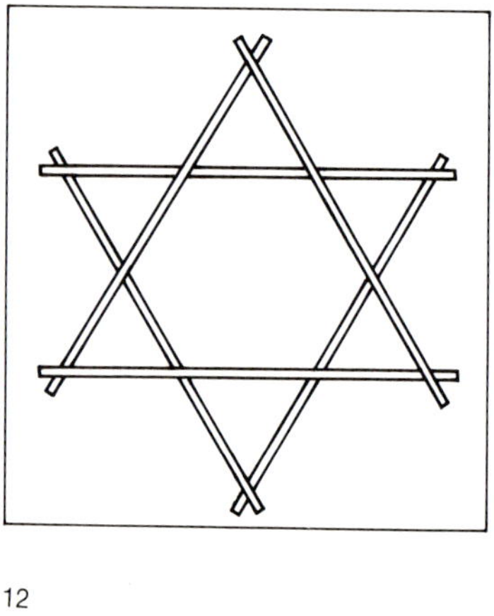

gegenüberliegenden Punkten provisorisch zusammenkleben. Diese und alle restlichen Schnittpunkte einmal über Kreuz mit Zwirn umwickeln und die Enden verknoten. Je nach Höhe des Raumes, in dem das Windspiel aufgehängt werden soll, drei gleich lange Aufhängefäden an drei der sechs Ecken befestigen, in der Mitte über dem Stern zusammenfassen und mit einer Heftzwecke an der Zimmerdecke anbringen. Nun die Herzen harmonisch verteilt an die einzelnen Sternstreben knoten und ausbalancieren (Abb. 5).

❆ Wenn man die auf Abb. 3a weiß gebliebene Fläche sorgfältig herausgeschnitten hat, besteht dieser „Abfall“ aus 11 weiteren Herzrahmen, die mancher vielleicht nur ungern wegwerfen möchte. Dann kann man sie der Größe nach (mit dem größten beginnend) von oben nach unten so zu einer Kette ineinanderschieben, daß jeweils die Spitze des einen Herzens etwa in die Mitte des folgenden zeigt. An der Spitze des kleinsten und untersten Herzens beginnend fädelt man sie, immer abwechselnd durch Spitze und Mulde stechend, auf einen langen roten Faden – fertig ist eine zarte Girlande!

Gefüllter Nikolaus ☐

Das braucht man: Festen Zeichenkarton (oder eine Papprolle von 8 cm Durchmesser, wie sie zum Versand von Postern u. ä. benutzt werden), ein Stück feste Pappe, rotes Glanz- oder Geschenkpapier (auch Samtfolie – s. S. 30 – ist gut geeignet), Buntpapier oder farbige Papierreste für Gesicht, Augen und Hände, Watte, roten und schwarzen Filzstift, Klebstoff (z. B. Pritt-Alles-Klebe-Creme), Klebestreifen, Zirkel, Schere, Haarspray (wenn vorhanden).

So wird's gemacht: Falls man eine Papprolle für den Körper verwenden will, mit einem Sägemesser ein 18 cm langes Stück absägen. Sonst aus Zeichenkarton ein Rechteck von 18 × 28 cm zuschneiden und von der Schmalseite her zusammenrollen. Die Kanten 2 cm überlappen lassen und mit Klebestreifen zukleben. Aus Pappe eine Scheibe von 8 cm Durchmesser ausschneiden. Den Rand dieses Bodens mit Klebstoff bestreichen, in die Kartonrolle einpassen und von außen um die Nahtstelle zwischen Rolle und Boden einen dicken „Ring“ Alleskleber drücken. Wenn diese zusätzliche Leimschicht getrocknet ist, sitzt der Boden mit Sicherheit fest.
Nun einen roten Mantel um die Rolle kleben, der oben und unten 2 cm

Abb. 6. „Gefüllter Nikolaus“.

übersteht. Diese Zugabe ringsherum einschneiden und nach innen bzw. auf dem Boden festkleben. Aus farblich passendem Papier ein Oval für das Gesicht ausschneiden. Dann die Augen ausschneiden und aufkleben und mit verschiedenfarbigen Filzstiften Nase und Mund ergänzen.

Jetzt die Arme mit runder Armkugel und gleich angeschnittenen Händen (Länge im ganzen ca. 13 cm) aus fester Pappe zuschneiden. Anschließend werden die Ärmel rot, die Hände in der Farbe des Gesichts beidseitig beklebt. Armkugel jeweils so seitlich am Körper festkleben, daß die Arme leicht geöffnet nach vorn ausgestreckt sind.

Das Gesicht mit einem dicken Rauschebart und Haaren aus Watte umrahmen, die Ärmel und den Mantelsaum mit „Wattepelz“ besetzen. Wer Haarspray im Hause hat, sollte alle Wattepartien damit einsprühen – sie werden dadurch fester und flusen nicht mehr, ohne daß ihr duftiges Aussehen verlorengeht. (Daß beim Sprühen das Buntpapier etwas abbekommt, macht nichts – Haarspray trocknet unsichtbar auf!) Den Mantel kann man jetzt noch nach Belieben mit Knöpfen, Besätzen, Taschen und ähnlichem ausschmücken. Unser Nikolaus bekam außerdem ein Paar Schuhe aus schwarzem Karton untergeklebt. Zum Schluß aus einem Dreiviertelkreis rotem Glanzpapier die tütenförmige Mütze zusammenkleben (wenn sie stabiler sein soll, mit Zeichenkarton unterlegen), die außer einem Watterand einen Wattepompon an der Spitze trägt (Abb. 6).

❆ Mit kunterbunten Naschereien oder kleinen Geschenken gefüllt, überrascht dieser Weihnachtsmann kleine und große Kinder am 6. Dezember. Auf ähnliche Art lassen sich auch Engel basteln. Sie bekommen vielleicht ein blaues oder silbernes Kleid, das man hübsch verziert, Flügel, lange Locken aus Engelshaar und statt der Mütze ein vielzackiges Krönchen aus Silberfolie.

Vogel am Faden □

Das braucht man: Farbigen Fotokarton oder Tonpapier, gleichfarbiges Seidenpapier und gleichfarbige Nähseide oder dünnen Wollfaden, Nähnadel, Schere und (wenn vorhanden) Schneidfeder, Klebstoff (z. B. Pritt-Alles-Klebe-Creme).

So wird's gemacht: Auf den Karton in einfachen Umrissen einen leicht bauchigen Vogelkörper zeichnen (unserer ist von der Schnabel- bis zur Schwanzspitze 14 cm lang und 8 cm hoch) und ausschneiden. Etwa 1 cm unter der Rückenlinie in der Mitte des Körpers einen 2,5 cm langen und 1 bis 2 mm breiten Spalt mit der Schneidfeder oder Schere einschneiden. Über dem vorderen Drittel des Spalts wenige Millimeter unter der Rückenlinie mit der Nähnadel Seiden- oder Wollfaden zum Aufhängen durchziehen. (Achtung: vorsichtig stechen, da eventuell mehrere Versuche nötig sind, um die Stelle zu finden, die den Vogel in der richtigen „Haltung" schweben läßt!) Jetzt ein Stück Seidenpapier 15 × 25 cm von der schmalen Seite her mit einem Falzabstand von 2,5 cm zur Ziehharmonika (Leporello) falten. Die Mitte dieses Leporellos mit einem Bleistiftstrich markieren, rechts und links der Mitte dann von beiden Seiten mit der Schere verschieden

Abb. 7. „Vogel am Faden" – besonders hübsch, wenn der Schatten auf hellen Hintergrund fällt.

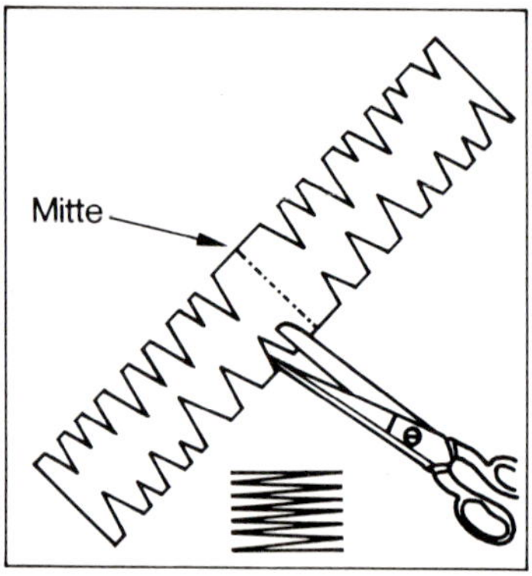

Abb. 8. So werden die zum Leporello gefalteten Flügel für den „Vogel am Faden" ausgezackt.

große Dreiecke herausschnippeln (Abb. 8). Die beiden Enden halbrund schneiden. Das Leporello bis zur Mittelmarkierung so durch den Spalt im Vogel ziehen, daß die oberste Bruchkante nach vorn zum Vogelkopf zeigt. Die durchbrochenen Flügel jetzt zu beiden Seiten nach oben und unten auseinanderziehen und an der Oberseite mit einem Tropfen Klebstoff am Rumpf festkleben, damit sie nicht verrutschen können.

❄ Besonders reizvoll wirken die „Vögel am Faden", wenn man sie so aufhängt, daß ihr Schatten auf eine Wand oder sonst einen hellen Hintergrund fallen kann. Da der leiseste Lufthauch sie in Bewegung setzt, kommen ihre filigranzarten Flügel so doppelt zur Geltung (Abb. 7, Seite 15).

Bedruckte Servietten ☐

Abb. 9. So farbenfroh wirken mit Kartoffelstempel bedruckte Servietten!

Das braucht man: Weiße oder hellfarbene Papierservietten, eine oder mehrere mittelgroße Kartoffeln (je nach geplantem Muster), einen kleinen Bogen Transparentpapier, ein scharfes Küchenmesser oder besser noch ein Teppichschneidemesser, Wasser- oder Plakafarbe, einen Pinsel.

So wird's gemacht: Kartoffel halbieren und das Motiv (das in der Form nicht zu kompliziert sein sollte) entweder aus der glatten Fläche frei mit dem Messer herausarbeiten oder das Muster erst auf Transparentpapier zeichnen, ausschneiden, auf die Kartoffelhälfte legen und die Konturen einkerben. Man muß beim Schneiden beachten, daß man möglichst *schräg von den Konturen weg* schneidet. Die Teile, die nicht drucken sollen, entfernt man so tief, daß ein etwa 0,5 cm hoher Stempel stehenbleibt. Dieser Stempel wird dann mit dem Pinsel satt, aber nicht zu dick mit Farbe bestrichen und auf die auseinandergefaltete Serviette gedrückt.
Bei den u. a. auf Abb. 9 zu sehenden Sternen arbeitet man am besten mit einem kleinen Trick: Da es schwierig ist, so einen Stern gleichmäßig geformt hinzubekommen, schneidet man statt dessen aus zwei Kartoffelhälften je eine längliche Raute – kreuzweise übereinandergedruckt wird ein vierzackiger Stern daraus.
Ob man nur eine Serviettenecke oder die ganze Fläche bedruckt, mit einer oder mehreren Farben und Formen arbeitet, bleibt dem eigenen Geschmack überlassen.

Stroh

Stroh ist ein einfaches, preiswertes und sehr vielseitiges Bastelmaterial. Die Halme, die man als Bastel- oder Trinkhalme außer in Bastel- und Hobbyläden auch in Warenhäusern, Spielzeug- und Schulbedarfsgeschäften bekommt, stammen von ungedroschenem Getreide und sind entweder naturfarben, gebleicht oder gefärbt. Es gibt sie in unterschiedlichen Längen zwischen 18 und 22 cm (zu beachten, wenn man z. B. Sterne von bestimmter Größe basteln will!) und außerdem in verschiedenen Stärken. Bei den handelsüblichen 50-Stück-Packungen ist die Halmlänge jeweils einheitlich, die Halmstärke variiert. Stroh kann man entweder als ganze Halme – hohl oder plattgebügelt – oder als Streifen verarbeiten. In jedem Fall muß es etwa eine Viertelstunde in lauwarmem Wasser eingeweicht werden (nicht viel länger, sonst wird es faserig!), damit es nicht bricht. Die ganzen Halme verarbeitet man feucht; wenn man Streifen verwenden will, schlitzt man die Halme mit einer Stecknadel auf und bügelt sie auf einem Stoß Zeitungen, den man mit weißem Papier abdeckt (sonst färbt die

Druckerschwärze ab), mit sehr heißem Bügeleisen glatt. Dabei kann man auch gleich die Farbe verändern: Je länger man sie bügelt, um so dunkler wird der Ton. Goldgelb bekommt man sie relativ leicht – bis zum Braun braucht man dagegen schon etwas Geduld! Wer sich die Arbeit des Aufschlitzens und Bügelns sparen will, kann auch fertige Strohstreifen – gebleicht oder gefärbt – kaufen.
Als Arbeitswerkzeug empfiehlt sich außer einer Schere noch eine Rasierklinge (zum Zerteilen ganzer Halme, die sich sonst leicht spalten) und eine Schneidfeder (zum Verzieren von Sternstrahlen aus Strohstreifen).

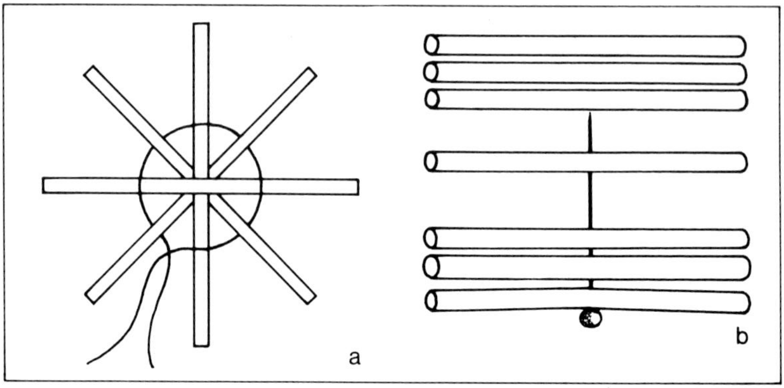

Abb. 10. a) Strohstern-Grundform und korrekte Fadenführung; b) Im Mittelpunkt übereinander auf eine Stecknadel gespießt und dann erst sternförmig aufgefächert, lassen die Strohhalme sich leichter zu Sternen verarbeiten.

Zum Abschrägen ganzer Halme, wie z. B. bei den Schwanzfedern des Vogels auf S. 20 beschrieben, kann man statt der Rasierklinge auch eine feine Hautschere benutzen; die Verfasserin jedenfalls kann damit besser zurecht als mit der Klinge.
Da Strohsterne ein zwar altbekannter, aber immer wieder reizvoller Weihnachtsschmuck sind, sollen auch zu diesem Thema hier einige Vorschläge nicht fehlen. Es wurde versucht, ein paar noch nicht ganz so „alltägliche" Formen vorzustellen. Für diejenigen Leser, die noch nie Strohsterne selbst gebastelt haben, hier aber kurz die Beschreibung der Stern-Grundform, die nach gleichem Schema aus ganzen Halmen oder Streifen entsteht: Zweimal zwei Halme über Kreuz aufeinanderlegen, die beiden Kreuze wiederum versetzt aufeinander und so im Mittelpunkt zwischen Daumen und Zeigefinger gut festhalten. Jetzt die Strahlen in Mittelpunktnähe so mit Garn umwinden, daß der Faden abwechselnd über und unter einem Strahl läuft (Abb. 10a). Etwas leichter geht es, wenn man die Halme zuerst in der Mitte auf eine Stecknadel übereinanderspießt, dann sternförmig

auffächert und die Nadel erst nach dem Umwinden mit Garn entfernt (Abb. 10b). Zum Schluß den Faden auf der Rückseite verknoten. Wenn der gewünschte Stern mehr Strahlen haben soll, muß man die Anzahl der Halme verdoppeln beziehungsweise vervierfachen, d. h. zwei beziehungsweise vier Sterne versetzt aufeinander befestigen.
Es sieht zwar am hübschesten aus, wenn man mit einer „Runde“ Garn auskommt, aber je mehr Strahlen der Stern hat, um so schwieriger ist das auch zu machen. Gerade wenn man ungeübt ist, umwickelt man daher besser öfter, und zwar so, daß man nach der ersten Runde den Faden um den letzten Strahl herumlegt und nun in entgegengesetzter Richtung windet. Dadurch liegen die Halme, die beim ersten Mal unter dem Faden lagen, jetzt darüber, und das Ganze bekommt mehr Halt.
Bei allen hier beschriebenen Arbeiten wurden immer einige Halme mehr als Bedarf angegeben, als benötigt werden – falls einmal Halme zerbrechen oder sonstwie unbrauchbar werden.

Püppchen

Das braucht man: Ca. 18 dünne Strohhalme, 1 rohe Holzperle ∅ 1,5 cm, gelbes Nähgarn, ein Stückchen gelbes, glänzendes Geschenkband aus Papier, Rasierklinge, Schere, Klebstoff (z. B. Pritt-Alles-Klebe-Creme).

So wird's gemacht: Das auf Abb. 11 gezeigte Püppchen ist insgesamt 8,5 cm hoch. Zunächst muß man für die Arme ca. 10 Strohhalmabschnitte von 5,5 cm Länge zuschneiden. Die Abschnitte zu einem dichten Bündel zusammenfassen, in der Mitte mehrmals mit Nähgarn umwickeln und verknoten. Rechts und links einen halben Zentimeter von den Enden entfernt die „Handgelenke“ abbinden. Für den Körper ca. 13 Halmabschnitte von 14 cm Länge zuschneiden und zum Bündel fassen. Halme 6,5 cm vom einen Ende des Bündels entfernt fest mit Garn umwickeln, so daß es an dieser Stelle nur noch 1 cm breit ist, und den Faden verknoten. Das längere Bündelteil nun so von der Garnmarkierung weg erst waagerecht, dann (nach knapp 1 cm) senkrecht nach unten umbiegen, daß die Strohhalmenden die gleiche Länge haben wie die des kürzeren Bündelteils. Die Garnmarkierung soll nun vorn am Oberteil liegen, der – nicht mit Garn abgebundene – Rücken des Püppchens wird automatisch etwas breiter als die Brust. Zwischen Vorder- und Rückenteil die Arme einschieben, dann die Taille, die ziemlich hoch liegen darf, fest abbinden. Den Rock leicht auseinanderspreizen. Beide Arme in Ellbogenhöhe mit dem Fingernagel etwas nach vorn abknicken.
Nun die Holzperle mit Klebstoff so auf den „Hals“ kleben, daß sie ganz leicht nach vorn geneigt ist. In die obere Perlenöffnung Aufhängefaden leimen. Aus einem Stück des gelben Geschenkbändchens, das man ringförmig zusammenklebt, wird ein Krönchen bzw. eine Mütze, aus einem zweiten Stück ein Gürtel.

Fliegender Vogel ⯭

Das braucht man: 9 sehr feine Strohhalme, 9 etwas gröbere Strohhalme, naturfarbenes Nähgarn, eine dünne Nähnadel, Klebstoff (z. B. Pritt-Alles-Klebe-Creme), dünne Goldschnur, eine sehr feine Schere (Hautschere).

So wird's gemacht: Für die Flügel fädelt man zunächst 8 feine Strohhalme in der Mitte übereinander auf eine Nähnadel mit doppeltem Faden, dessen Ende man mit einem genügend großen Knoten gesichert hat, damit er nicht durchrutschen kann. Nadel entfernen, Faden so fest anziehen, daß sich die Halme beidseitig leicht nach oben und unten abspreizen, das Bündel in der Mitte mehrmals umwickeln und den Faden verknoten. Mit der Hautschere die Halme mit nach unten weisenden schrägen Schnitten so kürzen, daß eine geschwungene Flügelform entsteht.
Für den Körper faßt man 7 Strohhalme gebündelt zusammen und bindet sie ca. 0,5 cm vom einen Ende entfernt fest zusammen. Nun faßt man dieses kurze Büschelchen, so daß die langen Halme nach oben stehen, und biegt sie nacheinander rings um das Büschelchen nach unten. Ca. 1 cm dieses jetzt doppelten Bündelteils bindet man wiederum fest ab – das ergibt den Kopf. Nun teilt man das lange Bündelende so, daß auf dem Rücken des Vogels 4, auf dem Bauch 3 Halme liegen, schiebt das Flügelpaar dazwischen und umwickelt die beiden wieder vereinigten Teile fest mit Garn. Nun kürzt man die Schwanzfedern auf ca. 5 cm Länge und spreizt sie auseinander. Damit das „Gefieder" in dieser Form bleibt, wird es noch durchflochten. Dazu spleißt man von einem übriggebliebenen (gut eingeweichten) Strohhalm einen 1 bis 2 mm schmalen Streifen ab, nimmt ihn doppelt und legt die Schlinge um die äußerste rechte Feder, kreuzt die beiden Enden vor der folgenden Feder, umschlingt sie, kreuzt vor der nächsten und so weiter. An der linken Außenfeder wird der Strohfaden dann verknotet. Nun werden die Halme noch mit der Hautschere mit schrägen Schnitten so gestutzt, daß die mittlere Schwanzfeder am längsten ist, die anderen nach rechts und links jeweils 0,5 cm kürzer als die vorherige. Zum Schluß aus einem Rest von den Schwanzfederhalmen ein 1 cm langes Stück abschneiden, plattdrücken, vorn spitz zuschneiden und als Schnabel vorsichtig in die Kopföffnung schieben. Goldenen Aufhängefaden so am Körper befestigen, daß er sich auf dem Rücken des Vögelchens kreuzt (Abb. 11, links).

Gekrönte Kugel ⯭

Das braucht man: 10 Strohhalme von 21 cm Länge, 10 Halme gleicher Stärke von 14 cm Länge, naturfarbenes Nähgarn, Stecknadel, Rasierklinge, Schere, Klebstoff (z. B. Pritt-Alles-Klebe-Creme).

So wird's gemacht: Die eingeweichten Strohhalme werden zunächst vorsich-

Abb. 11. Von links nach rechts: Fliegender Vogel, Gekrönte Kugel und Strohpüppchen.

tig mit der Stecknadel aufgeschlitzt und glatt gebügelt (eventuell durch stärkeres Bügeln gleich „gefärbt"). Dann klebt man achtmal je zwei Streifen so zusammen, daß die glänzenden Seiten nach außen liegen. Man hat also jetzt vier kurze und vier lange doppelte Strohstreifen. Die vier langen Streifen nun im Mittelpunkt kreuzweise versetzt aufeinanderlegen, als wollte man einen Stern daraus machen, mit Garn umwickeln und verknoten. Die einzelnen Streifen jetzt vorsichtig über den Rücken einer Schere ziehen, so daß sie sich nach innen einrollen. Die vier inneren (also zuletzt aufgelegten) Streben der Kugel zuerst oben in der Mitte zusammenfassen, die vier anderen darüber und alle zusammen mit Garn umwinden und befestigen.
Aus den vier kurzen Strohstreifen wird nun ebenfalls ein achtstrahliger Stern gebunden. Dabei (vor dem Binden) an dem zuletzt aufgelegten Streifen in der Mitte gleich einen Aufhänger anknoten. Die Enden der einzelnen Strahlen dann über den Scherenrücken ziehen, so daß sie sich nach innen rollen. Jede dieser Locken mit Garn so befestigen, daß jeder Strahl in einem kleinen Kringel von 1,5 cm Durchmesser endet. Dieses „Krönchen"

wird zum Schluß mit Garn oben in der Mitte der Kugel befestigt (Seite 21, Abb. 11, Mitte).

Statt aus vier Halmstreifen kann man die Kugel natürlich auch aus acht Streifen basteln, so daß sie dann 16 Streben hat (dafür das Krönchen weglassen). Wer die Kugeln zarter und leichter mag, macht sie aus *einfachen* Strohstreifen, die halbiert oder geviertelt wurden; in diesem Fall ist es aber leichter, sie nicht zu binden, sondern einzelne Ringe zu kleben und nachträglich übereinanderzuleimen. Wenn man zusätzlich noch Ringe waagerecht, quer oder schräg über die Grundkugel schiebt (Achtung: Dann auch alle Schnittpunkte untereinander verleimen!), wirken solche Filigrankugeln besonders duftig.

Stern 1

Das braucht man: 10 dünne Strohhalme von 11 cm Länge, 10 etwas dickere Halme von 12 cm Länge, naturfarbenes Nähgarn, 12 Schuppen eines großen Tannenzapfens, Rasierklinge, Klebstoff (z. B. Pritt-Alles-Klebe-Creme).

So wird's gemacht: Dieser Stern aus ganzen Halmen wird aus zwei 16strahligen Einzelsternen mit von der Mitte aus nach oben bzw. unten abgeknickten Strahlen zusammengefügt. Dazu knifft man zunächst die acht Halme jedes Sterns in der Mitte, so daß jeder ein kleines Dach bildet, legt sie dann erst sternförmig übereinander und umwindet sie mit angefeuchtetem Garn. Die beiden fertigen Sterne werden dann so zusammengesetzt, daß nach beiden Seiten die Sternmitte erhöht ist und die Strahlen des unteren Sterns nach oben, die des oberen nach unten weisen. Aus dem verbindenden Faden gleich einen Aufhänger knoten. Zum Schluß klebt man auf beide Seiten des 32strahligen Doppelsterns in die Mitte blütenförmig je sechs Tannenzapfenschuppen (Abb. 12, oben links).

Stern 2

Das braucht man: Ca. 12 Strohhalme, naturfarbenes Nähgarn, Stecknadel, Rasierklinge, Schneidfeder, Schere, Klebstoff (z. B. Pritt-Alles-Klebe-Creme).

So wird's gemacht: Alle eingeweichten Strohhalme mit der Stecknadel aufschlitzen und flach bügeln; dabei vier Halme hell lassen, die restlichen so lange bügeln, bis sie einen warmen Goldton haben. Die hellen Halmstreifen nochmals in Spalten von je 3 bis 4 mm aufteilen. Man braucht acht breite goldene Streifen und acht schmale helle Streifen; alle werden auf 16 cm Länge gekürzt.

Abb. 12. Strohsterne und Strohrosette (links unten).

Die breiten Streifen (die man, falls sie zu unterschiedlich breit sein sollten, noch auf gleiche Breite zuschneiden kann) nun mit Garn zu einem 16strahligen Stern binden. Faden auf der Rückseite verknoten und die Enden zum Aufhänger zusammenknüpfen. Nun die schmalen hellen Streifen nacheinander so im Mittelpunkt mit einem Tropfen Alleskleber auf den dunkleren Stern kleben, daß die Spitzen in den Zwischenräumen der Sternstrahlen liegen. Danach beide Sterne mit Garn verbinden. Zum Schluß mit der Schneidfeder die breiten Sternstrahlen nach eigener Phantasie oder wie Abb. 12, Seite 23 (Mitte) es zeigt beschneiden, die schmalen mit der Schere zuspitzen.

Stern 3

Das braucht man: 3 Strohhalme von 22 cm Länge, roten Zwirn, eventuell Klebstoff (z. B. Pritt-Alles-Klebe-Creme).

So wird's gemacht: Bei der Auswahl der *zwei* benötigten Halme zunächst darauf achten, daß die eine Öffnung jeweils etwas größer ist als die andere (das ist bei den meisten sowieso der Fall, aber man kann auch Stücke mit gleich großen Öffnungen erwischen). Nun auf jedem der gut eingeweichten Halme von der größeren Öffnung ausgehend dreimal 7 cm abmessen und dünn mit Bleistift markieren. An diesen Stellen nun jeden Halm zum Dreieck knicken, das überstehende 1 cm lange Ende (eventuell etwas kürzen) leicht zusammendrücken und vorsichtig in das andere Halmende stecken. Falls die Verbindung zu locker ist, mit wenig Klebstoff sichern. Nun die beiden so entstandenen Dreiecke versetzt aufeinanderlegen und an den sechs Schnittpunkten mit rotem Zwirn aneinanderknoten. An einer Sternspitze Aufhängeschlaufe anbringen (Abb. 12, Seite 23, rechts oben und unten).

Rosette

Das braucht man: Ca. 10 Strohhalme (davon vier möglichst dünne), naturfarbenes Nähgarn, Klebstoff (z. B. Pritt-Alles-Klebe-Creme), Stecknadel, Schere, Pinzette.

So wird's gemacht: Sechs der zehn eingeweichten Strohhalme mit der Stecknadel aufschlitzen und glatt bügeln. Zwei dieser Streifen längs in vier Teile spalten, so daß man acht Streifen von ca. 3 mm Stärke erhält, und alle auf 9 cm kürzen (die Reststücke werden später gebraucht). Aus diesen Strohspalten nun einen 16strahligen (aus zwei achtstrahligen Sternen bestehenden) Stern binden.

Die vier ganzen Halme auf 12 cm Länge kürzen, einen achtstrahligen Stern daraus binden und diesen versetzt auf dem 16strahligen Rad befestigen. Hierbei den Faden ausnahmsweise so führen, daß er jeweils unter *zwei* Radstrahlen herläuft und dann wieder über *einen* Sternstrahl. Nun einige Strohstreifen in sehr schmale Späne (1 bis höchstens 2 mm breit) spalten. Acht der Späne auf 8 cm und acht weitere auf 9 cm kürzen. Zuerst die kürzeren, dann darüber die längeren Streifen mit beiden Enden so in die ganzen Halme des Sterns schieben, daß je zwei Bögen zwei Strahlen verbinden (siehe Abb. 12, Seite 23, links unten). Zum Schluß aus den Reststücken des 16strahligen Rades 16 Abschnitte von je 1,5 cm Länge zuschneiden und je zwei über Kreuz auf jeden zweiten Radstrahl kleben (Pinzette zu Hilfe nehmen)! Eine naturfarbene Aufhängeschlaufe vollendet die zarte Rosette (Abb. 12, Seite 23, links unten).

Großer Grasstern □

Das braucht man: 32 möglichst lange, trockene hohle Grasstengel (im Herbst sammeln), 1 Bündel Strohhalme, weißen Zwirn, Rasierklinge, Hautschere, Klebstoff (z. B. Pritt-Alles-Klebe-Creme).

So wird's gemacht: Zunächst werden 16 der Grashalme auf je 35 cm Länge, die anderen 16 auf je 32 cm Länge gekürzt. Aus den kurzen und den langen Halmen wird jeweils ein 32strahliger Stern gebunden, wobei man alle Halme vorher von der Mitte aus abwärts knickt (siehe auch Stern 1, S. 22). Diese beiden Sterne setzt man so gegeneinander, daß die Sternmitte beidseitig erhöht ist, und verbindet sie nun ebenfalls mit Garn.

Abb. 13. Großer Grasstern (Durchmesser ca. 35 cm) – ein Raumschmuck nicht nur für die Weihnachtszeit.

Den Faden verknoten und so lang lassen, daß man ihn als Aufhänger verwenden kann.
Nun bastelt man aus den eingeweichten ganzen Strohhalmen 16 Sterne aus je acht Halmabschnitten von ca. 6 cm Länge, deren Spitzen man mit der Hautschere zweizackig beschneidet. Auf jeden zweiten Strahl des vorderen Grassternkranzes (das ist der mit dem geringeren Durchmesser) tupft man nun etwas Klebstoff und spießt einen kleinen Stern darauf (Abb. 13, Seite 25).

Filz, Stoff und Krimskrams

Daß man aus Filz einfach und schnell hübsche Sachen fabrizieren kann, ist nichts Neues. Die beiden auf S. 28 und 29 beschriebenen Arbeiten sind nur zwei Möglichkeiten, wie man diesen vielseitigen Stoff (der übrigens aus gepreßten Fasern besteht und in Bastelläden in Platten von 20 × 30 cm oder als Meterware in verschiedenen Stärken angeboten wird) auch in der Weihnachtszeit „einsetzen“ kann.
Ebensowenig neu, aber ein bißchen aus der Mode gekommen, ist Großmutters Flickenkiste als Bastelreservoir. Dabei lohnt es sich, nicht nur Stoffreste jeder Art und Farbe, sondern auch all die scheinbar nicht mehr verwendbaren Endstücke von Zackenlitze, bunter Borte, Geschenkbändern, Stickgarn, Wolle, Vlieseline, Rüschen und was sonst noch an „Krimskrams“ im Lauf eines Jahres abfällt, aufzuheben. Besonders Bastelfreudige erweitern die Sammlung am besten gleich noch um kleine gut schließende Pappschachteln (etwa Parfüm- oder Seifenverpackungen), schön geformte Dosen (z. B. auch große Cremedosen mit Schraubverschluß) und andere Behälter, die eigentlich zum Wegwerfen zu schade sind – was man damit u. a. anfangen kann, steht auf den S. 30 bis 32. So eine erweiterte Flickenkiste jedenfalls bewährt sich in der Vorweihnachtszeit vor allem in einem Haushalt mit Kindern. Das „Kruschteln“ darin (so schön bildhaft klingt's im Schwäbischen, wenn man „herumwühlen“ sagen will!) regt nicht nur die Phantasie an, es hilft auch sparen. Mit ganz wenig gekauften Zutaten entstehen so aus eigenem Bestand die verschiedensten Weihnachtsschmuckstücke und kleinen Geschenke. Wie wär's zum Beispiel mit einem bunten Reigen „Tiroler Engelchen“?

Tiroler Engelchen ☐

Das braucht man: Einen farbigen Stoffrest (z. B. rot-weiß karierten Baumwollstoff), Vlieseline, 1 Holzperle ∅ 1,5 bis 2 cm, ein Reststück roten Filz, etwas Bast, zum Stoff passende Zackenlitze, ein Stück Goldborte oder goldene Litze, ein Stück goldene Bastelfolie (oder Goldpapier aus einer Pralinenschachtel), 1 Streichholz, etwas Knetwachs (s. S. 57), Deckfarbe, Klebstoff (z. B. Pritt-Alles-Klebe-Creme), Zirkel.

So wird's gemacht: Auf dem Stoff und der Vlieseline (man kann statt Vlieseline auch *dünnen* Zeichenkarton nehmen) jeweils einen Kreis von 12 cm Durchmesser ziehen und aus beiden einen Halbkreis ausschneiden. Zunächst den Vlieselinehalbkreis zur Tüte zusammenkleben, dann den Stoffhalbkreis darüberleimen und den Saum des Kleides mit Zackenlitze verzieren. Tütenspitze abschneiden und ein Streichholz in die Öffnung stecken, so daß es oben

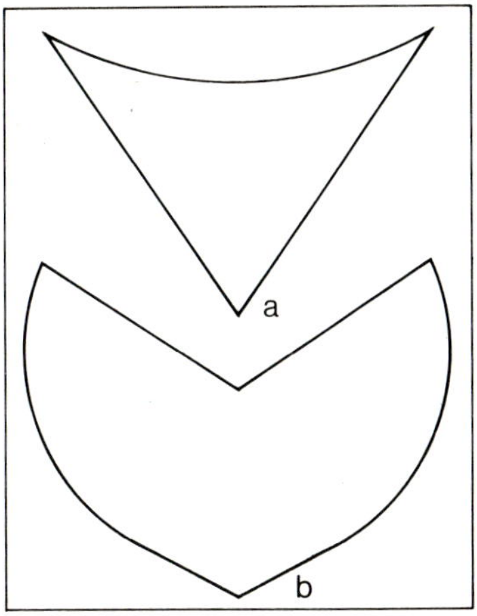

Abb. 14. a) Schnitt für die Flügel des „Tiroler Engelchens". b) Schnitt für Umhang und Arme in einem Stück.

Abb. 15. „Tiroler Engelchen" und die Heiligen Drei Könige.

etwa 1 cm herausragt. Ein Stückchen Knetwachs weich kneten und kegelförmig von innen um das Streichholz drücken; so hält es nach dem Festwerden nicht nur das Streichholz, sondern stabilisiert auch die Tütenspitze, worauf der verhältnismäßig schwere Holzperlenkopf ruhen soll. In eine Öffnung der Holzperle Klebstoff drücken, etwas antrocknen lassen und die Perle auf den Streichholzhals schieben. Gesicht aufmalen. Aus Bast ein etwa 10 cm langes Zöpfchen flechten, beide Enden mit einfach geknoteten Stoff- oder Filzschleifchen versehen. Das Zöpfchen über die Mitte des Kopfes kleben, so daß die obere Perlenöffnung verdeckt ist. Eine auf den Hinterkopf geklebte Goldpapierscheibe wird zum Heiligenschein, ein Stückchen Goldborte zur Krone. Zum Schluß ein an einer Seite leicht eingebuchtetes gleichseitiges Dreieck, wie Abb. 14a, Seite 27, es zeigt, aus rotem Filz schneiden und als Flügelpaar auf den Rücken kleben.

❆ Das Tiroler Engelchen läßt sich beliebig abwandeln, je nachdem, was Flickenkiste und Handarbeitskorb zu bieten haben. Man kann ihm z. B. auch einen Umhang und Arme geben (in einem Stück geschnitten, wie Abb. 14b, Seite 27, es zeigt, dann den Umhang auf dem Rücken ankleben, die Seiten rechts und links tütenförmig nach außen rollen und den unteren Ärmelrand seitlich vorn am Kleid festkleben). Statt der Bastzöpfe kann es genausogut Wollhaare, statt der Filzflügel solche aus Gminderlinnen oder einem anderen festen Stoff bekommen. Nur sollte man versuchen, den bäuerlich-naiven Charakter beizubehalten, der den Figürchen ihren Charme gibt. Auf die gleiche Art kann man auch Maria und Josef oder die Heiligen Drei Könige gestalten – siehe Abb. 15!

Nikolausstiefel zum Füllen ☐

Das braucht man: 1 Platte (= 20 × 30 cm) roten und 1 Platte blauen nicht zu dünnen Filz, Zeitungspapier, Stecknadeln, rotes Nähgarn, Schere, Klebstoff (z. B. Pritt-Alles-Klebe-Creme).

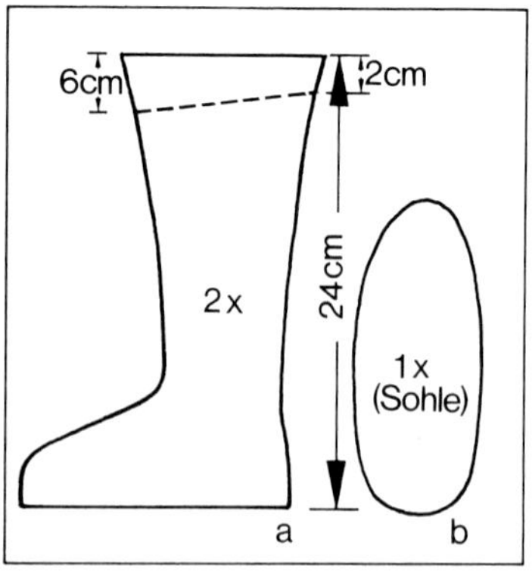

So wird's gemacht: Zunächst auf Zeitungs- oder Packpapier einen Stiefel mit gerader Sohle aufzeichnen (unserer ist 24 cm hoch, oben am Schaft 15 cm und an der Sohle 16 cm breit) und ausschneiden. Für den schrägen Besatz eine Linie einzeichnen, wie Abb. 16a es zeigt (Ab-

Abb. 16. a) Schnittmuster für Nikolausstiefel (gestrichelte Linie = Besatz); b) Nicht zu breit darf die ovale Sohle sein.

Abb. 17. Nikolausstiefel und Tannenbaum-Set aus Filz.

stand von der Stiefeloberkante am vorderen Rand 6 cm, am hinteren 2 cm). Nach diesem Schnittmuster aus rotem Filz zwei Stiefelhälften und einen 1 cm breiten, 20 cm langen Streifen für den Aufhänger zuschneiden. Aus blauem Filz eine nicht zu breite ovale Schuhsohle (Abb. 16b), zweimal den Besatz und drei kleine Herzen ausschneiden. Die Teile wie folgt aufeinanderlegen und mit Stecknadeln festhalten: eine Stiefelhälfte, darauf die beiden Besätze – *und zwar so, daß beide oben an der Stiefelkante 1,5 cm überstehen* –, dann die zweite Stiefelhälfte. Wenn man jetzt die Seitennähte mit der Nähmaschine oder von Hand schließt, sind die Besätze also schon seitlich mitgefaßt. Nun die Sohle einpassen und annähen, dann den Stiefel auf rechts wenden. Den schmalen Filzstreifen für den Aufhänger der Breite nach zur Hälfte kniffen und mit Zickzackstich zusammenheften, so daß er nur noch 0,5 cm breit ist. Den am Stiefelrand überstehenden Besatz ringsherum nach innen kippen und ca. 0,5 cm vom Rand entfernt durchnähen, dabei den Aufhänger, doppelt genommen, gleich am hinteren Schaftrand mit festnähen. Auf einer Stiefelseite die drei blauen Herzen untereinander festkleben (Abb. 17).

Tannenbaum-Set ☐

Das braucht man: Dunkelgrünen Filz (Meterware), starken Zeichenkarton oder dünne Pappe, Schere, Zeitungspapier, Stecknadeln, einen nicht „durchschlagenden“ Klebstoff wie z. B. Ponal, dunkelgrüne Deckfarbe, Pinsel.

So wird's gemacht: Zunächst ein Schnittmuster aus Zeitungspapier anfertigen: An die Bruchkante einer doppelten Zeitungsseite einen halben Tannenbaum zeichnen (darauf achten, daß der fertige Baum so groß bzw. breit sein muß, daß ein Kaffeegedeck darauf Platz hat!) und ausschneiden. Das auseinandergefaltete Muster auf dem Filz feststecken und ausschneiden. Jetzt das Muster auf den Karton legen und Konturen lose mit Bleistift umfahren. Muster entfernen und den Baum auf dem Karton etwa 0,5 bis 1 cm über die Konturen hinaus gut mit Klebstoff einstreichen, den man eventuell noch leicht mit dem Finger glättet. Die Filztanne dann, an der Spitze beginnend, darauf festdrücken. Nach dem Trocknen den Baum dicht am Filz entlang ausschneiden und die Kartonschnittkanten mit dunkelgrüner Farbe überpinseln, damit sie nicht „blitzen" (Abb. 17).

❄ Diese Filzarbeit bereitet wenig Mühe und macht nicht nur Kindern Spaß.

Beklebte Schachteln, Dosen, Kästchen ☐

Von den vielen Möglichkeiten, Schachteln und Kästchen mit etwas Phantasie und Geschick in kleine Geschenke oder originelle Geschenkverpackungen zu verwandeln (etwa durch Bemalen, Lackieren, Bekleben mit Stroh, Span, Paletten oder Metallfolie) soll hier eine besonders einfache und wirkungsvolle vorgestellt werden: das Bekleben mit farbiger Samtfolie. Sie hat eine matte samt- oder filzartige Oberfläche und eine selbstklebende Beschichtung auf der Rückseite, die auch auf glatten Oberflächen haftet, so daß man nicht nur Spanschachteln, Holzkästchen und x-beliebige kleine Kartons, sondern auch Plastikdosen damit verkleiden kann.
Natürlich werden die verschiedenen Behälter nicht einfach nur bezogen. Blickfang bildet jeweils der mit besonderen Motiven verzierte Deckel. Ob man nun geometrische Figuren aus verschiedenfarbiger Samtfolie ausschneidet und zu streng symmetrischen Mustern kombiniert, spielerisch Abstraktes zusammenklebt oder naturalistische kleine „Bilder" gestaltet, bleibt dem eigenen Geschmack überlassen. Am besten, man macht sich vorher eine rohe, maßstabsgetreue Skizze.
Die Grundtechnik für das Verkleiden von runden oder ovalen und rechteckigen Behältern ist hier beschrieben; für die Gestaltung der Deckel bieten die Beispiele auf Abb. 18 einige Anregungen.

Das braucht man: Verschiedenfarbige Samtfolie (in Bastelläden, manchen Papiergeschäften und Hobby-Abteilungen der Kaufhäuser zu haben), Schere, Lineal, Zirkel (bei runden Kästchen), Schneiderkreide.

Rechteckige Kästchen: Man mißt zunächst die Höhe des Kästchens abzüglich des Randes, der vom Deckel bedeckt wird (die Wände nicht bis oben bekleben, weil sonst der Deckel nicht mehr paßt!). Zu dieser cm-Zahl addiert man 1 bis 2 cm und schneidet in dieser Breite einen Streifen Samtfolie aus, der 1 cm länger ist („Nahtzugabe“) als der Umfang des Kästchens. Den Streifen so um den Kasten kleben, daß zum Boden hin die zugegebenen 1 bis 2 cm überstehen. Diese Zugabe an allen vier Ecken einschneiden (eventuell abschrägen), zum Boden umklappen und ankleben. Ein Rechteck, das etwas kleiner ist als der Boden, ausschneiden und darüberkleben.

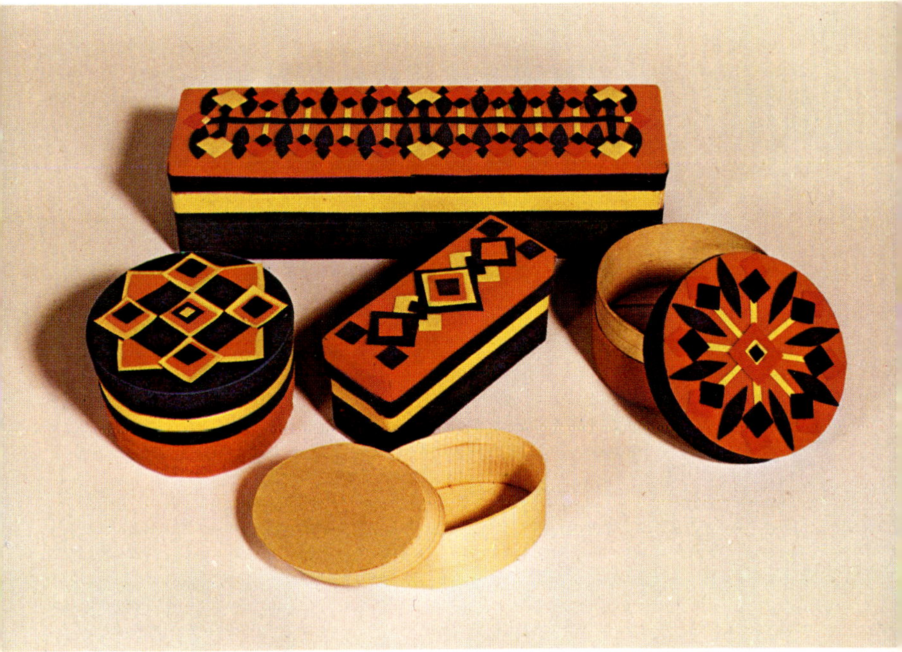

Abb. 18. Schachteln und Kästchen mit Samtfolie beklebt.

Beim Deckel umgekehrt vorgehen: Ein Rechteck (Maße: Deckeloberseite plus Deckelwände) ausschneiden, Deckel umgedreht in die Mitte darauflegen und andrücken, an den Ecken die Samtfolie einschneiden und Seitenteile am Deckelrand festkleben.

Runde bzw. ovale Schachteln: Ebenfalls einen Streifen Samtfolie in der Länge des Umfangs plus 1 cm und in der Breite der Schachtelhöhe (minus Deckelrand) plus 1 bis 2 cm zuschneiden. Diesmal die Zugabe ringsherum im Zickzack einschneiden und die verbleibenden Zacken am Boden andrük-

ken. Darüber einen Kreis (bzw. ein Oval), etwas kleiner als der Boden, festkleben.
Beim Deckel umgekehrt: Kreis bzw. Oval (Maße: Deckeldurchmesser plus 1 bis 2 cm) ausschneiden, Rand im Zickzack einschneiden und am Deckelrand andrücken, darüber ringsherum einen Streifen in der genauen Breite des Deckelrandes kleben (Enden überlappen oder genau aneinanderstoßen lassen).

❆ Ein Tip zum Gestalten des Deckelmusters: Wenn man abstrakte Motive zusammenstellt, nicht zu viele verschiedene Formelemente auf einmal verwenden! Also nicht in einem Motiv Kreise, Dreiecke, Rechtecke, Rauten, Streifen und Quadrate gleichzeitig unterbringen, sondern sich auf zwei oder drei Elemente beschränken – verschieden große Ovale und Kreise etwa, oder Rauten, Quadrate und Streifen kombinieren. Die Muster wirken so ausgewogener und in sich geschlossener.

Holzperlen

Hözerner Weihnachtsschmuck – da fallen manchem wohl unwillkürlich die kleinen gedrechselten und buntlackierten Figuren aus dem Erzgebirge ein: die liebenswerten musizierenden Engel mit den Kindergesichtern, die im warmen Kerzenhauch sich drehenden Pyramiden, die knorrigen Räuchermännlein. Dabei verdient durchaus nicht nur das Erzgebirge im Zusammenhang mit weihnachtlichem Schnitzwerk genannt zu werden. In vielen holzreichen Gegenden hat sich schon früh aus der weitverbreiteten Spielzeugschnitzerei (die man ganz und gar nicht zum Spaß betrieb, sondern der Not gehorchend: Die Sachen wurden in der arbeitslosen Winterzeit verkauft) die Herstellung von Weihnachtsschmuck entwickelt. In Oberammergau zum Beispiel oder in Berchtesgaden, dessen bäuerliche, an naive Malerei erinnernde „Christbaumzier" auch über die Grenzen hinaus bekannt wurde. Dabei sind die kleinen bunten Reiter, Schaukelpferdchen, Trommeln, Trompeten und Wickelkinder samt Wiege strenggenommen kein echter Weihnachtsschmuck, sondern nach wie vor Spielzeug – nur im Kleinformat. Hier dagegen soll aus dem sympathischen (wenn auch schon zu Perlen verarbeiteten) Material Holz speziell Weihnachtliches für den Tannenbaum gebastelt werden.

Abb. 19. Holzperlenbaumschmuck.

Holzperlen bieten Bastelläden in vielen verschiedenen Größen, Ausführungen und Farben an. Es gibt sie auch roh und unlackiert, aber für unseren Zweck eignen sich gefärbte bzw. lackierte naturfarbene Perlen am besten. Mit vier oder fünf verschiedenen Größen und drei bis vier verschiedenen Farben kann man schon Baumschmuck in nahezu ungezählten Variationen zaubern. Man braucht dazu nichts weiter als einen Bund Blumendraht von 0,4 mm Durchmesser und eine Kneifzange – zur Not tut's auch eine Schere.
Wichtig ist, daß man den Draht für die einzelnen Arbeiten großzügig bemißt, damit man sie aus einem Stück fertigen kann oder zumindest mit möglichst wenig „Anknüpfstellen" auskommt (Ausnahme: die gewundene Kugel auf S. 38f). Wenn man eigene Entwürfe verwirklichen will, zeichnet man sich also am besten vorher auf, wie man den Draht am günstigsten biegt, wo er doppelt geführt werden muß, wie er abzweigen soll usw. Unser erstes Beispiel beschreibt die allereinfachste Art Holzperlenbaumschmuck, die sich gut als kleine Probearbeit eignet und an der man das zugrundeliegende Schema, das bei den schwierigeren Sachen nur abgewandelt wird, leicht erkennt.

Kleine Blume ⯭

Das braucht man: 1 weiße Perle ∅ 1,5 cm, 12 rote Perlen ∅ 0,5 cm, ca. 18 cm Blumendraht, Kneifzange oder Schere.

So wird's gemacht: Die kleinen Perlen werden auf den Draht aufgefädelt, dann wird der Draht zum Ring gebogen, und man schlingt das kurze Ende zur Befestigung mehrmals um das lange Ende (s. auch Abb. 20a). Eventuell noch überstehendes Ende abknipsen. Dann fädelt man die große Perle auf den Draht, biegt ihn in den roten Perlenring, so daß die Perle in seiner Mitte hängt, umwindet damit den Ringabschnitt gegenüber und biegt ihn als Aufhänger nach oben (Abb. 19, Seite 33, unten links).

❄ Welch hübsche Wirkung man mit diesem simplen Blümchen erzielen kann, zeigt der Blütenkranz auf Abb. 19, Seite 33, unten rechts. Hier wurden an einem einfachen Kranz aus 10 Perlen ∅ 1,5 cm jeweils in den Zwischenräumen zehn wie eben beschrieben angefertigte kleine Blumen (bestehend aus 1 Perle ∅ 1 cm und 13 Perlen ∅ 0,3 cm) befestigt. Sicher gibt es noch andere Möglichkeiten – ausprobieren macht Spaß!

Sechsstrahliger Stern ⯭

Das braucht man: 16 Perlen ∅ 1 cm, 6 Perlen ∅ 1,5 cm, 36 Perlen ∅ 0,3 cm, ca. 100 cm Blumendraht.

So wird's gemacht: 6 Perlen ∅ 1 cm auffädeln und den Draht so zum

Kreis biegen, daß das kürzere Ende nach mehrmaligem Umwinden des längeren später als Aufhänger dienen kann. Für den ersten Sternstrahl nun auf das lange Ende 5 Perlen ∅ 0,3 cm, 1 Perle ∅ 1,5 cm, 1 Perle ∅ 1 cm und wieder 1 Perle ∅ 0,3 cm auffädeln. Draht außen um die kleinste Perle herumführen und durch die folgende große und alle weiteren Perlen bis zum Ring zurückführen. Hier den Draht zwischen zwei Perlen zweimal umwinden, durch eine Perle nach links ziehen und den zweiten Strahl auffädeln wie beschrieben. Wenn alle sechs Strahlen fertig sind, Drahtende befestigen und abknipsen (Abb. 19, Seite 33, oben Mitte).

Große Blume

Das braucht man: 16 rote Perlen ∅ 0,5 cm, 10 weiße Perlen ∅ 1,5 cm, 30 blaue Perlen ∅ 1 cm, ca. 90 cm Blumendraht, Kneifzange oder Schere.

So wird's gemacht: Die weißen Perlen auffädeln, Draht zum Kreis biegen und das eine Ende mehrmals eng um den gebogenen Draht winden, um den Kreis zu schließen (Abb. 20a). Auf das lange Ende 6 blaue Perlen

Abb. 20. a) So wird der Perlenkranz geschlossen; b) So entstehen die „Blütenblätter" der großen Blume.

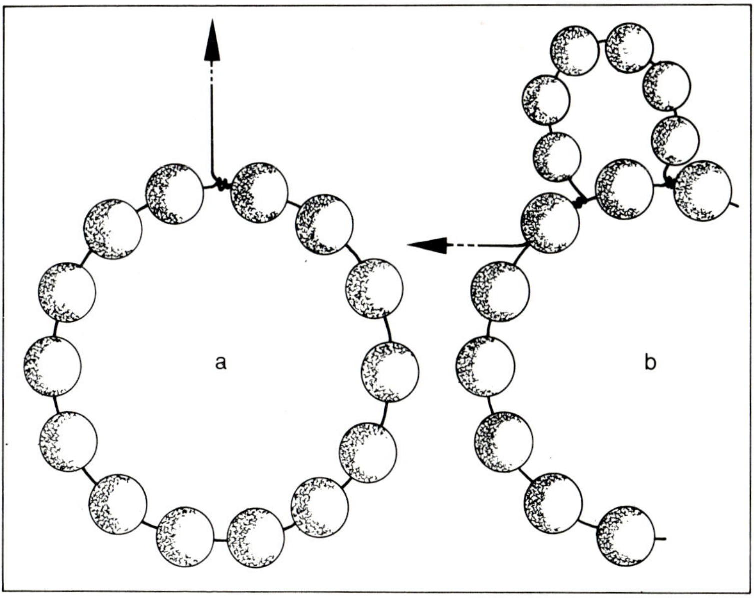

auffädeln, dieses Teilstück im Bogen über die folgende weiße Perle hinweg biegen und zweimal möglichst eng um den Drahtabschnitt zwischen dieser und der nächsten weißen Perle schlingen (Abb. 20b). Das freie Drahtende jetzt durch diese Perle hindurchführen, wieder mehrmals umschlingen und wieder 6 blaue Perlen auffädeln. Diesen Arbeitsgang wiederholen, bis die blauen Perlen aufgebraucht und damit 5 „Blütenblätter" entstanden sind. Nach der letzten weißen Perle wieder mehrmals den Draht umschlin-

Abb. 21. Gewundene Kugel und große Blume.

gen, dann die roten Perlen auffädeln. Draht innerhalb des weißen Perlenringes zum Kreis biegen, zwischen zwei weißen Perlen verschlingen und Ende als Aufhänger hochbiegen (Abb. 21 rechts).

Herz

Das braucht man: 25 Perlen ∅ 1 cm, 16 Perlen ∅ 0,5 cm, ca. 70 cm Blumendraht.

So wird's gemacht: Den Draht in der Mitte doppelt fassen und eine kleine Perle auf die Schlinge schieben, so daß diese etwa 1,5 cm herausschaut. Die Schlinge ganz schmal drücken und außen um die kleine Perle herum nach oben biegen (Abb. 22a). Jetzt eine große Perle auf den doppelten Draht und über die hochgebogene Schlinge fädeln, danach wieder eine kleine (Abb. 22b). Damit ist das Schlingenende fest verwahrt und nicht mehr zu sehen. Nun die beiden Drahtenden auseinanderbiegen und auf jedes 11 große Perlen ziehen, dann wieder auf beide Enden zusammengefaßt eine große Perle fädeln. Draht zum Herzen formen und beide Enden so nach innen biegen, daß die zuletzt aufgezogene Perle in der Mitte unter der Herzmulde sitzt. Enden erneut teilen und auf jedes 7 kleine Perlen stecken, dann wieder vereinen und eine große Perle darüberschieben. Diesen Innenteil jetzt biegen, wie Abb. 19, Seite 33, (links oben) es zeigt, und zum Schluß die beiden Enden mehrmals eng um den Draht über den drei Perlen, die die Herzspitze bilden, winden und abknipsen. Eventuell noch abstehende Enden mit der Scherenspitze andrücken. An der Herzmulde durch mehrmaliges Umschlingen ein Drahtstück als Aufhänger befestigen.

Einfache Kugel

Das braucht man: 1 Perle ∅ 1 cm, 81 Perlen ∅ 0,5 cm, ca. 90 cm Blumendraht, Kneifzange oder Schere, Flachzange.

So wird's gemacht: Den Draht zu-

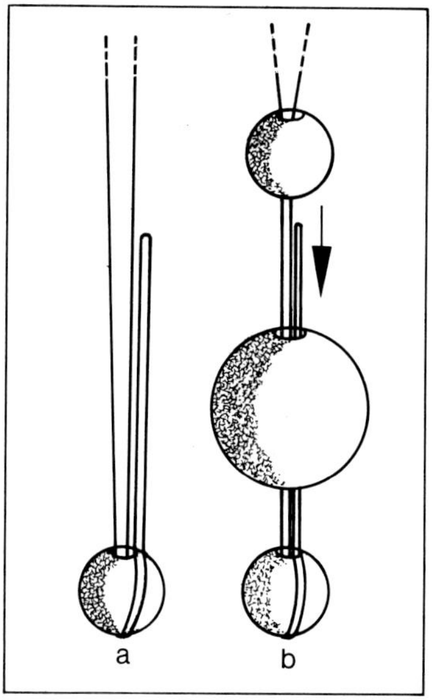

Abb. 22. So werden die ersten drei Perlen für das Herz auf den doppelten Draht gefädelt.

Abb. 23. Zehn kleine Perlen bilden die erste Strebe der einfachen Kugel, die elfte markiert den unteren, die große Perle den oberen Mittelpunkt.

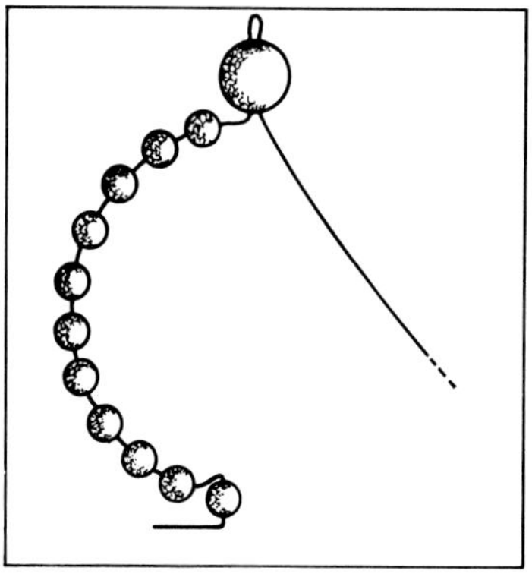

nächst mit einem Ende etwa 9 cm weit durch die große Perle schieben und auf dieses kurze Ende 10 kleine Perlen fädeln. Den Abschnitt mit den Perlen leicht rund biegen, unten etwas abknicken und eine weitere kleine Perle als Abschluß auffädeln (Abb. 23, Seite 37). Das kurze Ende seitwärts biegen, damit die Perlen nicht herunterfallen können. Jetzt das lange Ende so durch die große Perle ziehen, daß eine kleine Schlinge stehenbleibt (Abb. 23, Seite 37), die nicht durchrutschen kann. Auf das lange Ende nun ebenfalls 10 kleine Perlen auffädeln, rundbiegen, durch die kleine untere Abschlußperle schieben und wieder mit einer Schlinge zurückführen. Erneut 10 Perlen aufziehen, rundbiegen, durch die große Perle fädeln, mit Schlinge wieder zurück und so weiter, bis die Kugel acht Streben hat. Das Durchschieben durch die obere bzw. untere Abschlußperle wird gegen Ende der Arbeit etwas kniffliger, aber es geht, wenn man die stehengebliebenen Schlingen nach und nach etwas zusammendrückt. Man muß darauf achten, daß man alle Streben gleichmäßig und nicht zu stark anzieht, sonst sind sie am Schluß verschieden lang. Nach der achten Strebe führt man den Draht oben aus der großen Perle heraus und verwendet ihn als Aufhänger. Mit der Flachzange dreht man nun noch die oben und unten herausstehenden Schlingen möglichst klein zusammen und knipst unten das eventuell noch zu lange Ende ab.

Gewundene Kugel

Das braucht man: 2 weiße Perlen ∅ 1,5 cm, 80 rote Perlen ∅ 0,5 cm, ca. 105 cm Blumendraht (plus Draht für Aufhänger), Kneifzange oder Schere.

So wird's gemacht: Zunächst schneidet man 5 Drahtabschnitte von je 21 cm Länge zu. Einen dieser Abschnitte führt man so durch eine der großen Perlen, daß er ca. 2 cm heraussteht. Nun biegt man beide Enden außen um die Perle herum bis zu deren Mitte und windet sie mehrmals umeinander, wie Abb. 24a es zeigt, bis sie eng an der Perle anliegen und das kurze Stück fest verwahrt ist. Nun werden 16 kleine Perlen aufgefädelt (die „Nahtstelle" wird von den ersten zwei oder drei Perlen verdeckt), dann wird die zweite große Perle aufgezogen, und zwar so, daß die letzte kleine Perle locker seitlich an deren Öffnung sitzt. Das Drahtende wird außen eng um die große Perle herumgelegt und vor der letzten (jetzt ersten) kleinen Perle verschlungen (Abb. 24b). Auf die gleiche Weise werden nacheinander alle fünf Streben gearbeitet und in gleichmäßigem Abstand jeweils an den großen Halteperlen befestigt. Bitte darauf achten, daß diese großen Perlen möglichst genau in der Mitte übereinanderstehen! Zum Schluß faßt man die Halteperlen mit beiden Händen und dreht die Hände in einander entgegengesetzter Richtung, so daß die Streben sich spiralig winden. Man kann die Form nach eigenem Geschmack variieren, indem man besonders stark dreht und die Kugel gleichzeitig etwas auseinanderzieht (schmale, lange Form) oder indem

Abb. 24. a) Perle im oberen und b) Perle im unteren Mittelpunkt der gewundenen Kugel.

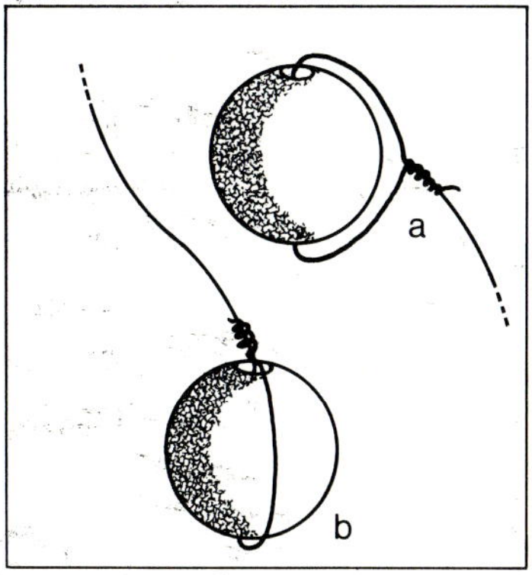

man die beiden großen Perlen beim Drehen etwas aufeinander zu drückt (bauchige, kurze Form). Zum Schluß durch die obere Perle den Aufhänger ziehen (Abb. 21, Seite 36, links).

❆ Statt als Hänger läßt sich dieser Schmuck auch als Christbaumspitze für einen kleinen Baum verwenden, allerdings nimmt man dann besser etwas größere Perlen. Man umwindet die Tannenspitze vorsichtig (und möglichst wenig sichtbar) mit einem Stück Draht, läßt das Ende möglichst genau in der Mitte hochstehen und spießt die „Kugel" darauf.

Holzspäne

Holzspäne (oder korrekter: Spanholz) gibt es in vielen verschiedenen Stärken – naturbelassen oder gefärbt – vor allem in Bastel- und Hobbyläden, aber auch in manchen Spielwaren- und Schulbedarfsgeschäften. Die gebräuchlichsten Handelsformen sind Rollen und gebündelte Streifen; außerdem gibt es Spanlocken (tütenweise) und Spanstäbchen. Rollen – die nicht aus einem Stück bestehen, sondern ebenfalls aus einzelnen Streifen – bieten sich immer da an, wo man runde Elemente (also Ringe, Spiralen, Bögen) verarbeiten will. Die kann man zwar auch aus gebündelten Streifen formen, doch muß man die Streifen dann meist vorher anfeuchten oder sogar einweichen, während aufgerolltes Material schon die richtige „Spannung" hat. Spanlocken sind spiralige Hobelspäne, die sich sehr gut für kleine Verzierungen und als Abrundung bzw. Auflockerung eignen. Spanstäbchen schließlich braucht man, wenn eine Arbeit besonderen Halt bekommen soll oder auch als strengeres Element zwischen den sonst geschwungenen und runden Linien.
Da es sehr unterschiedliche Qualitäten Spanholz gibt, empfiehlt es sich, beim Kauf darauf zu achten, daß das Material eine mattglänzende Oberfläche hat und elastisch ist. Wenn Span rauhfaserig und stumpf aussieht, kann man sicher sein, daß er leicht reißt und absplittert.

Holzspäne lassen sich mit einer einfachen Schere schneiden und mit durchsichtig auftrocknendem Holzleim, z. B. Ponal, kleben. Allerdings trocknet Holzleim ziemlich langsam, so daß man die Teile inzwischen mit Büroklammern oder Haarclips zusammenhalten muß. Man spart bei vielen Spanarbeiten Zeit und tut sich leichter, wenn man einen Kontaktkleber, z. B. Pattex compact, benutzt. Bei den hier gezeigten Basteleien wurden daher alle Einzelteile in sich (also Ringe, Spiralen etc.) in wenigen Minuten mit einem Kontaktkleber geleimt und nur am Schluß beim Zusammenfügen der verschiedenen Elemente Holzleim verwendet. Bei diesem letzten Arbeitsgang genügt es dann, die Teile einseitig mit einem dicken Klecks Holzleim zu versehen, sie auf absolut flacher Unterlage (wichtig!) kurz gegen das anschließende Teil zu drücken und so trocknen zu lassen. Übrigens hat Spanholz eine glatte und eine rauhere Seite – beim Verarbeiten darauf achten, daß die glatte Seite immer außen ist! Stärkeren Span, wie er etwa zu dem Engel auf S. 42 verwendet wurde, feuchtet man besser vor der Verarbeitung leicht an (er darf aber nicht naß sein); das gleiche gilt, wenn man dicht gewundene Spiralen herstellen will. Dann biegt man die Teile in Form und läßt sie von Klammern gehalten trocknen, ehe man sie klebt. Ringe, die als Mittelstück dienen oder sonst Halt geben sollen, windet man am besten immer doppelt und leimt sie auf ganzer Länge zusammen. Sie lassen sich am leichtesten biegen, wenn man den entsprechend langen Spanabschnitt vorher über die stumpfe Seite einer Schere zieht.
Und nun: Viel Spaß beim weihnachtlichen Werkeln mit Span!

Kerzenstern □

Das braucht man: 1,6 cm breiten Span von der Rolle, Spanlocken, Holzleim (z. B. Ponal) und Kontaktkleber (z. B. Pattex compact), Schere, evtl. Büroklammern oder Haarclips.

So wird's gemacht: Zunächst ein Stück Spanholz so lang zuschneiden, daß man es drei bis viermal satt um die Kerze wickeln kann, und diesen Ring zusammenkleben. Je nach Durchmesser der Kerze nun Spanstücke gleicher Länge in Tropfenform zusammenleimen (unsere Kerze auf Abb. 25 hat knapp 4 cm Durchmesser, entsprechend wurden 7 „Tropfen" benötigt). Für jede dieser Sternspitzen wird nun in passender Größe ein doppelt gewickelter Ring zusammengeklebt und in die Tropfenrundung eingefügt. Dann leimt man alle Sternspitzen mit Holzleim, um den inneren Ring des Kerzenhalters. Zum Schluß sieben Spanlocken gleicher Größe in die Zwischenräume der Sternspitzen kleben, wo jeweils zwei Tropfen zusammenstoßen.

❆ Der Kerzenstern (der etwas kleiner auch als Baumbehang sehr hübsch wirkt) läßt sich vielfältig abwandeln. Statt aus Tropfenelementen kann man

Abb. 25. Kerzenstern und Ornament aus Spanstreifen von der Rolle und fertigen Spanlocken.

Abb. 26. Zwei Vorschläge zur Gestaltung von Spansternen und -rosetten aus Ringen oder Spiralen.

ihn z. B. auch aus lauter verschieden großen Ringen oder Spiralen zusammenfügen. Zwei Variationsvorschläge zeigt Abb. 26, Seite 41.

Großer Engel

Das braucht man: 2 cm breiten, kräftigen Holzspan in Streifen, 1 naturfarbene unlackierte Holzperle ∅ 1,8 cm, einen kleinen Rest Goldfolie, dünne, naturfarbene Woll- oder Baumwollfäden, Wasserfarbe, Schere, Kontaktkleber (z. B. Pattex compact).

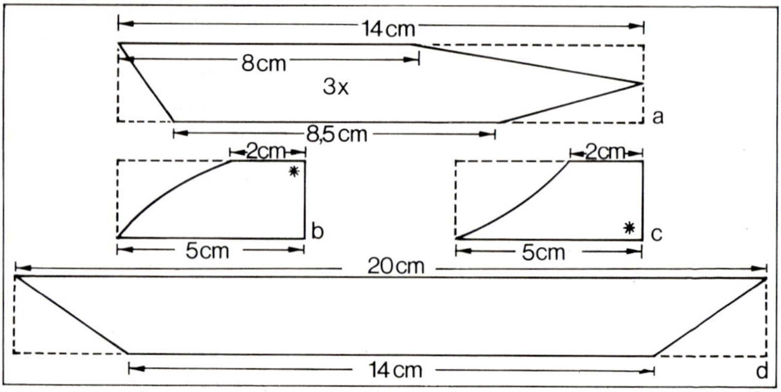

Abb. 27. Schnittmuster für den großen Spanengel: a) Körper bzw. Kleid; b) und c) Arme; d) Flügel.

So wird's gemacht: Für den Körper drei 14 cm lange Spanabschnitte zuschneiden und an einer Seite die Schnittkanten jeweils leicht abschrägen. An dieser Unterkante von der spitzwinkligen Ecke aus 8 cm, von der stumpfwinkligen aus 8,5 cm abmessen und mit Bleistift markieren. Von diesen beiden Markierungen aus den oberen Teil der Spanabschnitte so abschrägen, wie Abb. 27a es zeigt. Die drei Teile mit der Rückseite vorsichtig über die stumpfe Kante einer Schere ziehen, so daß sich das untere Drittel jeweils leicht hochbiegt. Die drei Abschnitte ineinanderlegen und oben (an der langen Spitze) zusammenleimen. Jetzt von vorne den zweiten Spanabschnitt an der Unterkante über den ersten ziehen (er liegt also dann bis zur Mitte halb unter, ab der Mitte aber *über* dem oberen Spanstück) und so an der Unterkante leicht zusammenkleben (siehe auch Abb. 28). Der dritte Spanstreifen, der hinter den beiden überkreuzten liegt, wird nicht festgeklebt. Damit ist der Körper des Engels fertig.

Abb. 28. Großer Spanengel (rechts: Seitenansicht).

Nun für die Arme zwei Spanabschnitte von je 5 cm Länge zuschneiden. Auf einem davon (dies wird der linke Arm des Engels) an der linken Längsseite von oben nach unten 2 cm abmessen und markieren, dann den auf Abb. 27b, Seite 42, gestrichelt umrandeten, leicht gebogenen Teil abschneiden. Auf dem rechten Engelarm links ebenfalls 2 cm abmessen, dann so abschrägen, wie Abb. 27c, Seite 42, es zeigt. Beide Arme vorsichtig mit der Vorderseite über eine Schere ziehen, so daß sie sich zu den „Händen" hin leicht nach innen rollen. Nun den linken Arm so über Eck auf den rechten Arm kleben, daß die auf den Abb. 27b und c, Seite 42, mit * bezeichneten Ecken aufeinanderliegen. Das Armpaar dann auf den Oberkörper leimen. Jetzt die Flügel in einem Stück – 20 bis 22 cm lang – zuschneiden und beide Schnittkanten spitzwinklig abschrägen (Abb. 27d, Seite 42). Flügelpaar oben in die Mitte des Rückens kleben und jeden Flügel so über die stumpfe Scherenkante ziehen, daß sie sich leicht spiralig nach hinten und aufwärts drehen.
Zum Schluß den mit Wollhaar (damit es schön „lockig" wird, Wollfäden naß flechten, Zöpfe nach dem Trocknen wieder auseinandernehmen!), Goldsternkrönchen und Aufhänger versehenen Holzperlenkopf mit einer Öffnung fest über den „Hals" kleben und ein zartes Gesicht aufmalen (Abb. 28, Seite 43).

Die Bastelanleitung liest sich komplizierter, als die Ausführung ist. Man kann sich das Nacharbeiten aber erleichtern, indem man zunächst ein maßstabgetreues Papiermodell (ohne Kopf) macht, damit man alles schon einmal ohne Risiko ausprobiert hat, ehe es ans Original geht!

Kleiner Federengel

Das braucht man: Spanreste von 1,2 cm Breite (ungefärbt), 1 naturfarbene, unlackierte Holzperle ∅ 1,3 cm, 1 bis 2 kleine weiße, möglichst runde Bettfedern oder Daunen, Wasserfarbe, Kontaktkleber (z. B. Pattex compact), naturfarbenen Aufhängefaden.

So wird's gemacht: Einen Spanabschnitt von 3,5 cm Länge zuschneiden. Die beiden Schnittkanten so abschrägen, daß die untere Breitseite des Spanabschnitts nur noch 2 cm lang ist. In die obere Öffnung der Holzperle ein paar Daunenflusen als Haare einkleben. Einen zweiten Spanrest auf 7 cm Länge und 0,8 cm Breite zuschneiden. Diesen Streifen so um den Holzperlenkopf kleben, wie Abb. 29 es zeigt (an den gestrichelten Linien überstehenden Span wegschneiden). Dabei die kleine Feder, die den Körper bilden soll, mit dem Kiel zwischen „Hals" und Spankapuze schieben und auch auf dem Kragen leicht festkleben. Das zuerst zugeschnittene Spanteil nun von hinten als Flügel gegenleimen (Abb. 29), ein feines Gesicht auf die Holzperle malen und Aufhängefaden am hinteren Kapuzenrand befestigen. Falls die Körperfeder zu gerade ist, Kiel vorsichtig über Scherenrücken ziehen (Abb. 30).

Abb. 29. „Kapuze“ und Flügel des kleinen Federengels.

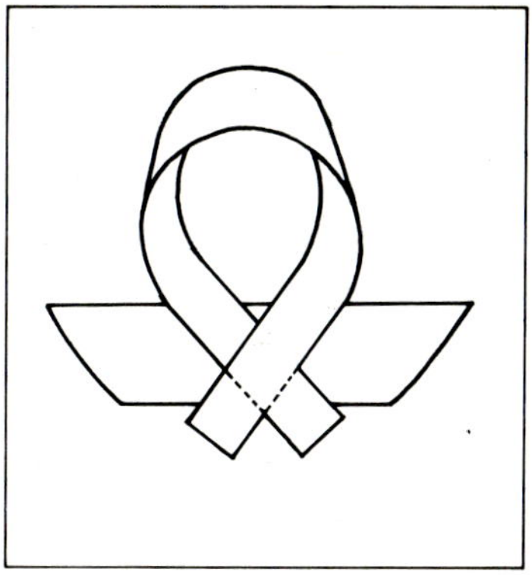

❆ Aus solchen federleichten Engelchen kann man auch ein besonders zartes Mobile machen, das die Adventszeit im Kinderzimmer verschönt, oder man läßt sie an verschieden langen Fäden vom aufgehängten Adventskranz schweben. Auch als Geschenkanhänger kommen sie hübsch zur Geltung.

Eule

Das braucht man: 1,6 cm breiten Span von der Rolle, 4 Spanlocken, Schere, Kontaktkleber (z. B. Pattex compact), Aufhängefaden, Nähnadel.

Abb. 30. Spaneule, kleiner Federengel und drei einfache Baumanhänger aus fertigen Spanlocken.

So wird's gemacht: Für den Körper einen Streifen von ca. 22 cm, für die Flügel zwei Streifen von je 3,5 cm, für den Fuß einen Streifen von 6 cm Länge zuschneiden. Körper zu einem eiförmigen Oval biegen, wobei sich die beiden Schnittkanten in der breiteren Rundung am Fuß ca. 1 cm überlappen sollen, und zusammenkleben. Die beiden Flügel an der Unterkante im Abstand von wenigen Millimetern ca. 1 cm tief einschneiden und diese „Federn" vorsichtig etwas nach außen biegen. Flügel seitlich am Körper festkleben. Den Fuß ebenfalls beidseitig einschneiden, „Krallen" leicht nach unten biegen und Fuß an den Körper kleben. Nun zwei große Spanlocken so als Augen in die obere Ovalhälfte kleben, daß sie in der Mitte zusammenstoßen. Zwei etwas enger gerollte Locken als Ohren seitlich an den Oberkopf leimen. Nun noch einen 5 cm langen Spanstreifen zu einem Tropfen zusammenleimen und diesen umgekehrt als Schnabel unter die Augen kleben. In der Kopfmitte vorsichtig Aufhängefaden durchziehen (Abb. 30, Seite 45).

❄ Auf ähnliche Weise lassen sich leicht auch Fische, Vögel und andere Tierfiguren als Baumanhänger basteln.

Ornament

Das braucht man: 1 cm breiten Span von der Rolle, Schere, mehrere kleine Gummiringe, Kontaktkleber (z. B. Pattex compact), Aufhängefaden.

So wird's gemacht: Das Mittelstück dieses Ornaments besteht aus einem Ring von 4,5 cm Durchmesser, den man zuerst zusammenklebt. Die anderen Elemente sind verschieden große Spiralen bzw. Schnecken. Um sie herzustellen, feuchtet man die in passender Länge zugeschnittenen Spanabschnitte leicht an, zieht sie über die stumpfe Kante einer Schere, rollt sie wie ein Zentimetermaß eng zusammen und fixiert sie so mit einem Gummiring, bis sie ganz trocken sind. Wenn man den Gummiring entfernt hat, faßt man alle Windungen an der Stelle, wo Spiralenanfang und -ende sich überlappen (vorher Spirale etwas auseinanderziehen) zwischen Daumen und Zeigefinger und markiert mit dem Bleistift an diesem Punkt die Kanten der sich berührenden Windungen. Beim Loslassen springt die Spirale wieder auf, und man kann die markierten Stellen der Windungen mit Klebstoff bestreichen und wieder zusammendrücken. Wenn auf diese Weise aus allen Spiralen (in unserem Falle 4 große und 24 kleine) Schnecken entstanden sind, leimt man sie in der gewünschten Verteilung um den Mittelring und befestigt den Aufhängefaden (Abb. 25, Seite 41).

❄ Die drei Elemente Ring, Tropfen, Spirale lassen sich ganz nach Geschmack kombinieren, so daß man mühelos einen ganzen Baum mit solchem Spanschmuck behängen könnte, ohne sich ein einziges Mal zu „wiederholen". Für weniger tüftelfreudige Bastler zeigt Abb. 30, Seite 45, noch ganz besonders schnell und leicht zu arbeitende Spanlockenblümchen: Sie bestehen einfach aus sieben Spanlocken, die um eine achte herumgeklebt wurden!

Peddigrohr

Peddigrohr, das man aus dem Mark der tropischen Rotangpalme gewinnt, gibt es in verschiedenen Stärken von 1,1 bis 5 mm Durchmesser. Bastelläden und Hobbyabteilungen der Kaufhäuser bieten es in Rollen oder in Strängen an, der Preis richtet sich nach dem Gewicht. Dieses Material hat den Vorteil, daß man außer einer Schere kein Werkzeug dazu braucht; vor der Verarbeitung muß es nur kurze Zeit in Wasser eingeweicht werden, damit es flexibel wird und beim Formen nicht bricht. Wenn es während des Bastelns zu trocken wird, taucht man es einfach erneut ein paar Minuten in Wasser. Wichtig ist noch, daß man beim Flechten, wie es bei dem auf S. 49 beschriebenen Stern nötig ist, das Flechtrohr nicht straff anzieht – beim Trocknen schrumpft das Peddigrohr ohnehin wieder etwas zusammen und könnte dann brechen.
Das erste unserer drei Beispiele ist besonders einfach und schnell herzustellen.

Spirale

Das braucht man: Ca. 40 cm Peddigrohr Stärke 00 (= 1,1 mm), farbiges Seidenpapier, Klebstoff (z. B. Pritt-Alles-Klebe-Creme), naturfarbene Nähseide, Schere.

So wird's gemacht: Den gut eingeweichten Peddigrohrabschnitt so zu einer etwas ovalen Spirale mit drei Windungen formen, wie Abb. 31 es zeigt. Oben, wo die vier Lagen Peddigrohr aneinanderstoßen, mehrmals mit Nähseide umwickeln (am besten zu zweit), verknoten und die Enden als Aufhänger zusammenknüpfen. Nun die Spirale einseitig mit Klebstoff bestreichen und fest auf

Abb. 31. So wird die Peddigrohrspirale mit Garn zusammengeknüpft.

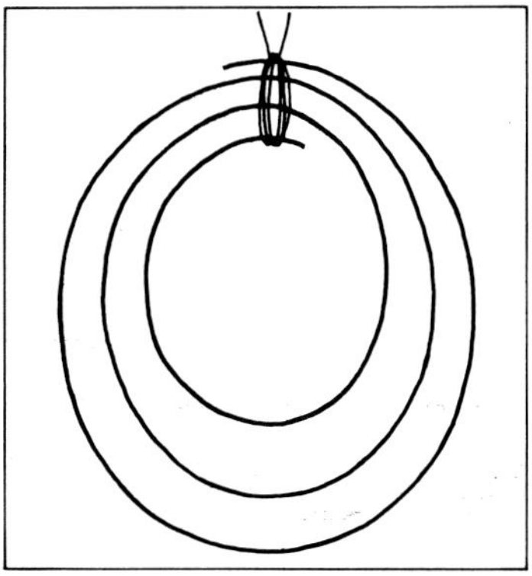

ein Stück farbiges Seidenpapier drücken. Die überstehenden Ränder des Papiers sorgfältig abschneiden (Abb. 32).

Schmetterling

Das braucht man: Peddigrohr Stärke 00 (= 1,1 mm), farbiges Seidenpapier, 2 naturfarbene Holzperlen ∅ 0,4 cm, naturfarbene Nähseide, Hartkleber (z. B. Stabilit Dur), Klebstoff (z. B. Pritt-Alles-Klebe-Creme), Schere, Stecknadeln.

So wird's gemacht: Den Schmetterling in der gewünschten Größe aufzeichnen, nach diesem Muster die einzelnen Peddigrohrteile (obere Flügel, untere Flügel und Körper jeweils ein Stück, wie Abb. 33 es zeigt) abmessen und zuschneiden.
Die gut eingeweichten Teile in Form biegen und mit Wäscheklammern festhalten, bis sie trocken sind. Nun die einzelnen Verbindungsstellen an Flügeln und Körper mit einem Hartkleber zusammenfügen. Das geht am besten, indem man die Peddigrohrteile, die zusammengeklebt werden sollen, zunächst mit einer Stecknadel aufeinanderspießt, die Verbindungsstelle dann dick mit Hartkleber bestreicht und sie so trocknen läßt. Dann

Abb. 32. Spiralen und Schmetterling aus Peddigrohr, mit Seidenpapier hinterklebt.

Abb. 33. Drei Peddigrohrteile werden für den Schmetterling gebogen und zusammengeklebt: oberes Flügelpaar, unteres Flügelpaar und Körper.

Stecknadel vorsichtig herausziehen, die Teile einseitig mit Klebstoff bestreichen und fest auf farbiges Seidenpapier aufdrücken. In unserem Beispiel wurde für die Flügel blaues, für den Körper gelbes Papier verwendet, das noch mit roten Streifen überklebt wurde. Überstehende Papierränder abschneiden. Nun den Körper auf die beiden Flügelpaare aufkleben, zwei Perlen auf die Fühler stecken und Aufhängefaden am „Hals“ befestigen (Abb. 32).

❆ Statt mit farbigem Seidenpapier kann man solche Peddigrohrfiguren auch mit zarten Stoffen wie z. B. Tüll, Spitze oder Chiffon hinterkleben.

Achtstrahliger Weihnachtsstern □ ⯭

Das braucht man: Peddigrohr Stärke 00 (= 1,1 mm), 16 kleine rote Holzperlen (∅ höchstens 0,5 cm; darauf achten, daß die Löcher so groß sind, daß man 2 Peddigrohrstaken hindurchstecken kann), rote Nähseide, Schere.

So wird's gemacht: Aus dem eingeweichten Peddigrohr für das Sterngerippe 16 Staken von je 18 cm Länge zuschneiden. Je zweimal 4 Staken zusammengefaßt in der Mitte über Kreuz legen, diese beiden Kreuze versetzt aufeinander zwischen Daumen und Zeige- bzw. Mittelfinger festhalten. Das Flechtrohr zunächst doppelt fassen und die Schlinge um einen Strahl (= 4 Staken) legen. Das eine Ende des Flechtrohrs so um die acht Strahlen flechten, daß sie abwechselnd über bzw. unter dem Flechtrohr liegen (Abb. 34a, Seite 50). In der zweiten Runde das zweite Ende so in entgegengesetzter Richtung flechten, daß die Strahlen, die in der vorigen Runde über dem Flechtrohr lagen, jetzt darunter sind. Die beiden Stränge abwechselnd und nicht zu straff so weiterführen, bis das Geflecht 4 cm Durchmesser hat, dann die beiden Enden verwahren, d. h. durch das Geflecht nach innen stecken und abschneiden.
Nun auf den äußerst linken Staken jedes Strahls eine Holzperle fädeln, Staken nach links biegen und vor dem übernächsten Strahl so ins Mittelgeflecht schieben (vorher evtl. 1 bis 2 cm kürzen!), daß er einen kleinen

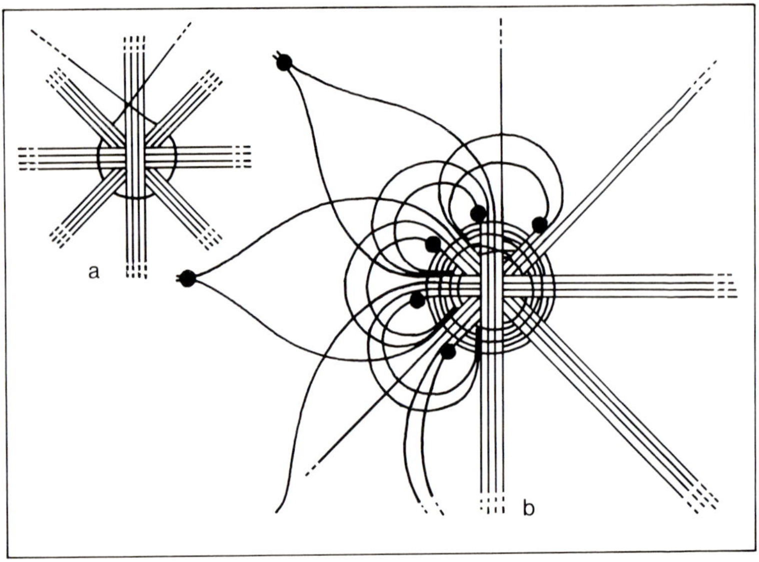

Abb. 34. Aufbau des Peddigrohrsterns: a) So wird das Flechtrohr in der ersten Runde geführt; b) Die beiden linken Staken jedes Strahls werden bogenförmig nach links gesteckt, von den beiden übrigen Staken wird je einer mit einem des übernächsten Strahls zur Sternspitze verbunden.

Abb. 35. Achtstrahlige Weihnachtssterne aus Peddigrohr.

Bogen bildet (s. Abb. 34b). Über diese 8 kleinen Bögen nun jeweils aus dem nächsten Staken rechts daneben einen etwas größeren Bogen (ohne Perle) ebenfalls nach links biegen und einstecken. Wenn die 8 Doppelbögen fertig sind, besteht jeder Strahl also nur noch aus zwei Staken. Zum Schluß jeweils den linken von beiden mit dem rechten des übernächsten Strahls zusammenfassen und eine Holzperle über die beiden Enden schieben (Abb. 34b). Man kann die Perle entweder ganz außen die Strahlspitze bilden lassen oder die beiden Staken ca. 1 cm durchziehen. Aufhänger aus roter Nähseide durch eine Sternspitze ziehen und verknoten (Abb. 35).

Körner, Nüsse und andere Naturalien

Vergoldete Nüsse und Äpfel – sie wurden mit echtem, hauchdünnem Blattgold überzogen – hingen schon im 18. und 19. Jahrhundert an manchem herrschaftlichen Weihnachtsbaum, lange bevor die Wachskerzen sich durchgesetzt hatten. Doch nicht nur sie, die ja zum Aufessen zu schade waren, erfreuten sich bei jung und alt großer Beliebtheit. Rosinen, Eßkastanien, Pfefferkuchen und anderes Gebäck in allen möglichen Formen, aber auch dünne, mit farbigen Bildchen beklebte Oblaten waren weit verbreitet. In E.T.A. Hoffmanns Märchen „Meister Floh“ heißt es überschwenglich: „Noch nie hatte der Weihnachtsbaum solch' reiche Früchte getragen, denn alles Zuckerwerk, wie es nur Namen haben mag . . . hing an den Ästen, die sich beugten unter der süßen Last.“
Der so „versüßte“ Weihnachtsbaum durfte dann am 6. Januar, dem Dreikönigstag, geplündert werden, und sicher gab's dann manch verdorbenen Magen.
Heute werden Weihnachtsbäume nur noch selten mit Eßbarem geschmückt – wohl nicht zuletzt, weil Süßes hierzulande im Übermaß und zu jeder Jahreszeit angeboten wird und nichts Besonderes mehr ist. Trotzdem ist in diesem Kapitel u. a. auch ein Backrezept für Baumanhänger zu finden, die bestimmt nicht nur Naschkatzen gefallen werden: die schwäbischen „Springerle“ (siehe S. 55). Auch sie haben schon eine Geschichte. Unter verschiedenen Namen kennt man sie seit einigen Jahrhunderten in ganz Süddeutschland. Ihre reliefartige Oberfläche entsteht, indem man den Teig in hölzerne Negativformen, den sogenannten Modeln, abdrückt. Die Holzschneider früherer Zeiten gestalteten diese Formen oft zu wahren kleinen Kunstwerken. Heute bekommt man Modeln (aus Holz und anderen Materialien) in Süddeutschland in Haushaltswarengeschäften, sonst findet man sie in Kunstgewerbeläden.

Aber nun zu den anderen „Naturalien". Baum- und Raumschmuck läßt sich mit etwas Phantasie nicht nur aus allen Nußarten, sondern auch aus vielerlei Körnern, Samen und Hülsenfrüchten herstellen. Geeignet sind vor allem Mais, Linsen, Erbsen, Bohnen, Vogelfutter. Auch im Sommer und Herbst bei Spaziergängen aufgelesene Fruchtstände (z. B. der Bucheker), kleine, hübsch verzweigte Äste (die man vergoldet auf Geschenkpäckchen stecken kann), getrocknete Blütenrispen, Tannenzapfen u. a. lassen sich verwenden. Zum dunklen Tannengrün bilden die meist zarten Farben dieser natürlichen Materialien einen unaufdringlichen Kontrast von besonderem Reiz. Einige Beispiele, die zu eigenen Ideen anregen möchten, geben die nachstehend beschriebenen Arbeiten.

Maisrosette

Das braucht man: Maiskörner, Hanf oder Wellensittichfutter, 4 bis 6 grüne Erbsen, 1 gelbe Erbse, ein Stück Pappe, ein Stück grünen Filz, einen durchsichtig auftrocknenden, nicht zu rasch abbindenden Klebstoff (z. B. Pritt-Alles-Klebe-Creme), Klarlack oder farblosen Nagellack, ein Stück dünne rote Kordel, Zirkel, Schere, ein scharfes Küchenmesser.

So wird's gemacht: Eine runde Scheibe von 6 cm Durchmesser aus Pappe ausschneiden. Die Scheibe großzügig mit Klebstoff bestreichen, den äußeren Rand dicht mit Maiskörnern (Körnerspitzen zur Scheibenmitte) besetzen, die übrige Fläche mit Hanf bestreuen, so daß die Pappe nicht mehr durchscheint. Eine zweite Pappscheibe von 3 cm Durchmesser ausschneiden, ebenfalls mit Klebstoff bestreichen und den Rand mit Maiskörnern bekleben. In die Mitte eine mit dem Küchenmesser halbierte gelbe Erbse setzen, den Zwischenraum wieder mit Hanf ausfüllen. Die grünen Erbsen halbieren und etwas zur Mitte hin versetzt zwischen die Maiskörner kleben. Die fertige kleine Scheibe jetzt in die Mitte der großen Scheibe kleben und das Ganze mit Klarlack besprühen oder mit farblosem Nagellack dünn überpinseln.
Zum Schluß aus grünem Filz eine Scheibe von 6 cm Durchmesser ausschneiden und auf die Rückseite der Rosette kleben, wobei eine dünne rote Kordel, doppelt genommen, als Aufhänger eingefügt wird (Abb. 36, rechts).

Walnußstern

Das braucht man: 1 Walnuß, flüssige Bronce- oder Goldfarbe, 8 bis 10 Bucheckernfruchtstände, 8 kleine gelbe Strohblüten und 8 kleine Erlenzapfen (beides in Blumengeschäften oder gut sortierten Bastelläden erhältlich), ein Stück dünne Goldschnur, Klebstoff (z. B. Pritt-Alles-Klebe-Creme), ein scharfes Küchenmesser.

Abb. 36. Von links nach rechts: Walnußstern, Haselnußzwerg, Maisrosette.

So wird's gemacht: Die Nuß mit dem Küchenmesser vorsichtig öffnen und den Kern herauslösen. Den Goldfaden in der gewünschten Aufhängerlänge doppelt nehmen und die Enden zusammenknoten. Die Ränder der Nußschalenhälften mit Klebstoff bestreichen, Knoten des Aufhängers an der Stielseite der Nuß zwischen den Schalenhälften einfügen und Schalen fest zusammendrücken. Wenn der Klebstoff ganz trocken ist, Nuß broncieren bzw. vergolden und trocknen lassen. Den äußeren Kleberand mit Alleskleber bestreichen und ringsherum dicht nebeneinander offene Bucheckernfruchtstände aufsetzen. Dann beidseitig rund um die Nußhälften abwechselnd Strohblüten und Erlenzapfen kleben, wie Abb. 36 (links) es zeigt.

❆ Vergoldete oder farbig lackierte Nußschalen lassen sich auch als originelle Verpackung für kleine Geschenke (z. B. eine Münze, ein Schmuckstück, Geschenkgutscheine etc.) verwenden. Man klebt die beiden Hälften dann natürlich nicht aufeinander, sondern verbindet sie nur an einer Seite von innen mit einem Streifen durchsichtigen Klebeband, so daß man sie leicht auf und zu klappen kann. Ein Geschenkband von der gleichen Farbe der Lackierung wird mit einer Schleife um die kleine Nußschachtel gebunden – fertig!

Haselnußzwerg

Das braucht man: 1 Haselnuß, 1 naturfarbene Holzperle (etwas kleiner als die Nuß), ein kleines Stück roten Filz oder Wollstoff, dünne Goldschnur, Deck- oder Wasserfarbe, Klarlack oder farblosen Nagellack, rotes Nähgarn, Nähnadel, Schere, Klebstoff (z. B. Pritt-Alles-Klebe-Creme).

So wird's gemacht: Holzperle auf die Spitze der Haselnuß kleben (am besten mit einem Zweikomponentenkleber wie z. B. Stabilit Express). Gesicht und Haare auf die Perle malen und nach dem Trocknen durchsichtig lackieren. Aus Filz ein Rechteck von ca. 2 × 5 cm ausschneiden, kapuzenförmig mit der Breitseite über den Kopf kleben und mit Goldschnur um den Hals festbinden (Knoten hinten), so daß die Kapuze nach einer Seite leicht eingeschlagen ist. In der Mitte der Mütze Faden zum Aufhängen durchziehen (Abb. 36, Seite 53, Mitte).

Diese winzigen, rasch zu arbeitenden Zwerge kann man nicht nur an kleine Weihnachtsbäume oder Tannensträuße hängen, sie sind auch reizende Geschenkanhänger für Kinder.

Bohnenornament

Abb. 37. Lackiertes Kästchen mit Bohnenornament – eine Bastelei vor allem für Kinder.

Das braucht man: Ein Span- oder Holzkästchen beliebiger Form und Größe (z. B. eine Zigarrenkiste), karminroten Holzlack, weiße Bohnen, einen durchsichtig auftrocknenden, nicht zu rasch abbindenden Bastelleim (z. B. Ponal), eventuell Klarlack oder farblosen Nagellack.

So wird's gemacht: Zunächst das Kästchen lackieren (zwei dünne Anstriche). Während des Trocknens kann man vielleicht auf einem Papierrechteck von der Größe des Kastendeckels mit den Bohnen verschiedene Ornamente legen, um die Wirkung auszuprobieren. Dann den Deckel des Kästchens partienweise mit Leim bestreichen und die Bohnen zu einem Muster darauf verteilen, das die Wirkung der freibleibenden (roten) Flächen miteinbezieht, und jeweils kurz andrücken. Darauf achten, daß man möglichst keine Bohnen verwendet, deren weiße Hülse schon gesprungen oder abgeblättert ist. Wer mag, kann das Ornament nach dem Trocknen noch vorsichtig mit Klarlack besprühen oder ganz dünn mit farblosem Nagellack überpinseln (Abb. 37).

❄ Mit Ornamenten aus Bohnen oder anderen Hülsenfrüchten verzierte Kästchen eignen sich nicht nur als Geschenkverpackung, sie sind auch selbst ein kleines Geschenk, in dem man Schmuck oder Krimskrams aufbewahren kann, und das vor allem Kinder gern basteln.

Gebackener Weihnachtsschmuck: Springerle

Das braucht man: 500 g Mehl, 500 g Zucker, 4 Eiweiß, 4 Eigelb, abgeriebene Schale einer halben ungespritzten Zitrone, ca. 1 Eßlöffel Anis pro Backblech, Lebensmittelfarbe (in Delikatessengeschäften erhältlich), einen feinen Pinsel, Backmodeln, Stricknadel.

So wird's gemacht: Das Eiweiß steifschlagen und langsam den Zucker einrühren. Dann Eigelb und Zitronenschale unterziehen und die Masse noch eine Weile schlagen. Zum Schluß das gesiebte Mehl unterheben und den Teig drei Stunden (eher länger als kürzer) ruhenlassen. Danach den Teig etwa 1 cm dick ausrollen und die leicht mit Mehl bestäubten Modeln aufdrücken. Falls der Teig noch zu weich ist, noch etwas Mehl unterkneten und den Teig nochmals stehenlassen. Springerle ausschneiden, mit einer Stricknadel Löcher für die Aufhänger durchstechen und das Gebäck auf ein gefettetes und bemehltes, mit Anis bestreutes Backblech setzen. Mindestens 24 Stunden bei Zimmertemperatur stehenlassen, dann bei 170 Grad etwa 10 bis 15 Minuten *hell* abbacken.
Wichtig ist, daß die Springerle „Füßchen" bekommen, das heißt, nur die oberste Schicht darf beim Backen aufgehen, der Teigboden dagegen soll kompakt bleiben. Nach dem Erkalten werden die Springerle dann mit Lebensmittelfarbe bemalt und mit Aufhängern aus Goldschnur oder farbigen Wollfäden versehen (Abb. 38, Seite 56).

Abb. 38. Hölzerne Backmodeln (links als Teigrolle) und „Springerle“ - hier allerdings nicht gebacken, sondern aus Modelliermasse.

❄ Eine Abwandlung, die einfacher und auch billiger ist, weil man keine Modeln und weniger Zutaten braucht, sind aus Wasserteig gebackene, mit Tempera- oder einfachen Deckfarben bemalte Ausstecher. Die kann man aber natürlich nicht essen!
Rezept: 500 g Mehl mit 200 g Salz vermengen, nach und nach $^1/_4$ Liter Wasser damit verkneten und Teig auf bemehlter Fläche $^1/_2$ cm dick ausrollen. Figuren ausstechen, Löcher für Aufhänger bohren und auf bemehltem Blech bei 150 Grad etwa 50 Minuten backen. Nach dem Abkühlen farbenfroh bemalen, eventuell auch noch farblos lackieren.

Wachs

Wächserner Christbaumschmuck kam erst in der zweiten Hälfte des 19. Jahrhunderts auf. Außer kleinen Tierfiguren waren es meist pausbäckige fleisch-

farbene Engelchen mit Lockenkopf und Pappflügeln, die an den Zweigen schwebten, oder das winzige „Kind in der Krippe" – wobei die Krippe nicht selten durch Wattebettchen oder Kinderwagen aus geprägter Pappe ersetzt war . . .
Daß man mit Wachs aber auch ganz „modern" basteln kann, sollen unsere Beispiele (siehe Abb. 39, 40 und 41, Seite 57 und 59) zeigen. Für den ersten Vorschlag, die gegossenen Baumanhänger, braucht man farbiges Gießwachs oder auch Knetwachs (siehe unten!) aus dem Bastelladen und einfache metallene Ausstechformen, wie man sie für die Weihnachtsbäckerei benutzt. Es gibt auch farbloses Gießwachs, das man mit speziellen Wachsfarben selbst einfärben kann. Außerdem kann man Kerzenreste selbst schmelzen. Dann muß man allerdings aufpassen: Die meisten farbigen Kerzen verlieren beim Schmelzen ihre Farbe und lösen sich schmutzig gelb bis braun auf! Der weitere Arbeitsvorgang ist bei Gießwachs, Knetwachs und geschmolzenen Kerzenresten gleich (s.S. 58).
Ganz anders wirken aus farbigem Knetwachs geformte Baumanhänger (Abb. 39). Knetwachs gibt es in kleinen rechteckigen Platten von ca. 0,5 cm Stärke. Es wird zuerst in den Händen erwärmt und weichgeknetet, dann kann man es beliebig modellieren und auch aufeinanderkleben.

Abb. 39. Geformte (Mitte) und gegossene Baumanhänger aus Wachs.

Für die farbig verzierten Kerzen – die man natürlich nicht nur als festlichen Raumschmuck, sondern auch als Geschenk verwenden kann – benötigt man Verzierwachs. Das sind farbig sortierte dünne Wachsfolien (Abb. 40), die es als Platten oder Streifen ebenfalls in Bastelläden, aber auch in größeren Schreibwaren- oder Papiergeschäften gibt. Außer einer Schneidfeder oder einem spitzen Küchenmesser und eventuell einem kleinen Modellierholz braucht man kein Werkzeug dazu.

Gegossene Figuren ⯭

Das braucht man: Gießwachs, Knetwachs oder Kerzenreste, metallene Ausstechformen, ein Kunststoff-Küchenbrett, eine Konservendose, einen Suppenlöffel, einen langen Nagel oder eine metallene Stricknadel, Aufhängefaden.

So wird's gemacht: Ausstechformen auf dem Küchenbrett bereitlegen. Gießwachs, Knetwachs oder die vom Docht befreiten Kerzenreste in einer Konservendose, die man ins Wasserbad stellt, bei nicht zu starker Hitze schmelzen (auf keinen Fall ohne Wasserbad Wachs schmelzen: Es entzündet sich sehr leicht!). Wenn es flüssig ist – es darf aber nicht kochen! –, das Wachs etwa 0,5 cm hoch in die Förmchen füllen, die man dabei mit der anderen Hand etwa 1 Minute *fest* auf die Unterlage drückt.
Wenn das Wachs völlig erkaltet ist (man kann das Brett mit den Förmchen auch in den Kühlschrank stellen, damit es schneller fest wird), lassen sich die Figuren leicht aus den Formen herauslösen, und man kann mit dem erhitzten Nagel bzw. mit der Stricknadel Löcher für die Aufhänger hineinbohren (Abb. 39, Seite 57).

Geformte Figuren (Vogel) ⯭

Das braucht man: Verschiedenfarbiges Knetwachs, Kunststoff-Küchenbrett als Unterlage, evtl. ein Modellierholz.

So wird's gemacht: Zunächst die flache Körpersilhouette formen. Dann aus verschiedenfarbigen, dünn gerollten Wülsten, Spiralen, plattgedrückten Kügelchen u. ä. die Einzelheiten wie Flügel, Schwanzfedern, Auge modellieren und aufdrücken (Abb. 39, Seite 57, Mitte).

Festliche Kerzen □

Das braucht man: Einfarbige Kerzen, Verzierwachs in Platten und/oder Streifen, Schneidfeder oder Küchenmesser, evtl. Modellierholz.

So wird's gemacht: Man hat zwei Möglichkeiten: Entweder schmückt man die Kerze mit gegenständlichen Motiven wie etwa Tannenbäumen, Sternen,

Abb. 40. Dünne Wachsfolien (Verzierwachs) und eine Schneidfeder – mehr braucht man nicht, um Kerzen weihnachtlich zu dekorieren.

Abb. 41. Mit Wachsornamenten verziert wurden diese festlichen Kerzen fürs Weihnachtszimmer.

Monden, Herzen usw. (Abb. 40, Seite 59, zeigt ein Beispiel hierfür), oder man kombiniert Streifen, Kreise, Rauten, Zacken, aus schmalen gerollten Wülsten geformte Bögen und Spiralen u. ä. zu Phantasiemustern, wie Abb. 41, Seite 59, sie zeigt. Bei Phantasiemustern am besten vorher skizzieren, wie die fertige Kerze aussehen soll! Die einzelnen Teile werden dann mit der Schneidfeder aus dem Verzierwachs auf glatter Unterlage (Kunststoffbrett) ausgeschnitten und handwarm gut an die Kerze angedrückt – das ist alles!

❀ Eine weitere Möglichkeit, Kerzen zu schmücken: Man taucht zarte Gräser, Farne oder andere feingliedrige Pflanzen, die man vorher gepreßt und getrocknet hat, einseitig in flüssiges Wachs und drückt sie auf der Kerze fest. Das sieht am besten auf weißen oder naturfarbenen Kerzen aus (s. Abb. 25, Seite 41).

Fimo

Fimo ist eine moderne, überaus vielseitig verwendbare Modelliermasse, die sich problemlos in jeder Backröhre bei 150 Grad härten läßt. Es gibt sie in Bastelläden, Spielwarenhandlungen und Warenhäusern außer in Weiß und Transparent in vielen leuchtenden Farben, und zwar in zwei Größen als Einzelblöcke oder als Sortiment mit 6, 10 und 15 Blöcken. Fimo läßt sich genauso einfach modellieren wie die altbekannte Knetmasse für Kinder; sie ist nur am Anfang etwas härter, muß also kurz vorgeknetet werden. Dann kann man sie beliebig verarbeiten, entweder von Hand oder mit einem Modellierholz, einem Messer oder ähnlichen Hilfsmitteln. Die Oberfläche kann man nach Wunsch strukturieren, indem man sie ritzt, einkerbt und so weiter. Ein großer Vorteil ist auch, daß man die einzelnen Farben zu neuen Farbtönen mischen kann.
Zum Härten heizt man den Backofen auf höchstens 150 Grad vor und schiebt die fertigen Teile auf einem Porzellanteller oder einem Stück Haushalts-Alufolie hinein. Die Dauer des Härtens richtet sich nach der Wandstärke der Fimostücke: Man rechnet pro Zentimeter etwa 10 Minuten. Nach dem Härten kann man die Arbeiten noch mit Spirituslack (Drogerie) oder Fimo-Speziallack lackieren.

Kerzenengel ☐

Das braucht man: Fimo in Weiß, Rot, Blau, Gelb und Schwarz, evtl. ein Modellierholz oder Küchenmesser, einen Porzellanteller oder Haushalts-Alufolie.

So wird's gemacht: Zunächst aus weißem Fimo die kegelförmige Grundfigur (Rock hohl!) mit Kopf und Armen modellieren. Dabei den Kopf etwas länger formen als normal und oben einen kleinen Trichter eindrücken, der später die Kerze aufnehmen soll. Dann zwei leicht geschwungene Flügel gut an den Rücken andrücken (Achtung: Flügel nicht zu ausladend, sonst klappen sie beim Härten durch die Hitze leicht zusammen!). Nun

Abb. 42. Kerzenengel aus Fimo, im Backofen gebrannt und anschließend lackiert.

aus farbigem Fimo dünne Würstchen rollen, Spiralen drehen und Kügelchen formen und damit den Engel nach eigenem Geschmack verzieren. Bei 150 Grad im Backofen 10 bis 20 Minuten (je nach Durchmesser der Figur an der dicksten Stelle) härten. Nach dem Abkühlen lackieren (Abb. 42).

Weihnachtsfiguren

Das braucht man: Verschiedenfarbiges Fimo, ein dünnes Holzstäbchen (z. B. Zahnstocher), evtl. Modellierholz oder Küchenmesser, einen Porzellanteller oder Haushalts-Alufolie.

Abb. 43. Farbenfroh und verspielt: Baumschmuck aus Fimo.

So wird's gemacht: Alle auf Abb. 43 gezeigten Baumanhänger sind flache Reliefs, haben also nur *eine* „Schokoladenseite". Wer mag, kann natürlich auch dreidimensionale Figuren modellieren (darauf achten, daß sie nicht zu dick und schwer werden!).
Für die flachen Figuren ist die Technik die gleiche wie im Kapitel „Wachs" auf S. 58/60 unter „Geformte Baumanhänger" beschrieben. Mit dem Holzstäbchen wurden bei einigen Arbeiten Vertiefungen, kleine Löcher und andere Strukturierungen angebracht. Nicht vergessen, dem Baumschmuck Aufhänger zu geben oder ihn an passender Stelle vor dem Härten zu durchbohren! Im letztgenannten Fall macht man die Öffnungen etwas größer als nötig, damit sie in der Backofenhitze nicht „zusammenlaufen".

❆ Falls einem nach dem Härten etwas an den Konturen nicht gefällt – kein Problem: Fimo läßt sich in gebranntem Zustand noch mit dem Messer schnitzen, einkerben und so weiter. Man kann auch weitere Teile anfügen und dann ein zweites Mal härten.

Glas

Ganz früher hingen an unserem Weihnachtsbaum daheim neben vielen „normalen" Kugeln auch einige kleine, sehr zarte Gebilde, die nur matt silbern schimmerten, bei näherem Hinsehen blinde Flecken aufwiesen, vielleicht überhaupt schon ein wenig ramponiert waren – aber sie schienen beim Baumabschmücken geheimnisvoll leichter und zerbrechlicher in der Hand zu liegen als alle anderen.
Es war alter gläserner Christbaumschmuck noch aus „Großmutters Zeiten"; ein Tannenzapfen darunter, eine zur Hälfte glitzrig-weiß beschneite Kugel und eine mit sternförmig eingedrückter Vertiefung auf einer Seite, in deren Mitte es rötlich schimmerte.
Viele dieser Christbaumkugelformen aus dem 19. Jahrhundert, die hauptsächlich aus dem Thüringerwald um Lauscha stammten, werden auch heute wieder hergestellt. Aber wohl nicht mehr in einem solchen Formenreichtum wie damals, als noch die Glasbläser und deren ganze kinderreiche Familien den Schmuck in Heimarbeit herstellten. Nicht nur Kugeln in hundert Variationen, sondern auch kunstvoll geblasene Vögel, umsponnene Blumenampeln, gläserne Früchte, Musikinstrumente, Glocken und vieles mehr entstand in dieser Zeit, als nur Ideenreichtum vor der zahlreichen Konkur-

renz – die mit ebenso viel Mühe Gläsernes produzierte und auf den Absatz ebenso dringend angewiesen war – bestehen ließ.
Außer in Thüringen entstand auch im böhmischen Gablonz schon recht früh gläserner Baumschmuck. Neben kleinen Hohlglasperlen wurden dort aber hauptsächlich dünne Glasröhrchen oder massive Stangen verarbeitet. In kleine Stücke zerhackt wurden sie – auch hier in Heimarbeit – zu zierlichen Sternen aufgefädelt, oft mit Hohlglasperlen oder den beliebten leonischen Drähten (siehe auch S. 67) kombiniert. Doch so weithin bekannt wie der geblasene Thüringer Baumschmuck sind die Gablonzer Glasperlenartikel nicht geworden. In das Geheimnis des Glasblasens soll hier natürlich nicht eingeweiht werden, aber wer gern mit dem schimmernden „Fast-Nichts" Baum und Weihnachtszimmer schmücken und dabei doch etwas selber machen möchte, der findet hier drei Vorschläge.

Selbstbemalte Kugeln □

Das braucht man: Einfache Glaskugeln verschiedener Größe, transparente Glas- und Dekorationsmalfarben, 1 oder 2 feine Pinsel, Pinselreiniger, Gold- oder Silberschnur oder schmale Seidenbändchen.

So wird's gemacht: Vor dem Bemalen müssen die Kugeln zunächst mit etwas Spülmittel gründlich abgewischt werden, damit sie fettfrei

Abb. 44. Selbstbemalte Glaskugeln.

sind. Darauf muß man auch während des Malens achten: Fingerabdrücke verhindern, damit die Farbe am Glas haftet – man faßt die Kugeln also am besten nur am Aufhänger an, der entweder aus einer angeschmolzenen Glasschlinge oder aus einem kleinen Metalldeckel mit Drahtschlaufe besteht. Nun kann man die duftigen Gebilde nach Lust und Laune verzieren: mit ineinander gewundenen Schlieren, mit Spiralen, Kreisen, Streifen oder sonstigen abstrakten Mustern (wie sie z. B. unsere Abb. 44 zeigt) oder aber auch mit gegenständlichen Motiven wie Sternen, Blüten, Feuerrädern u. ä. Wichtig ist, daß man bei jedem Farbwechsel den Pinsel gründlich reinigt und daß man, wenn zwei Farben direkt aneinander stoßen sollen, die zuerst aufgetragene zunächst antrocknen läßt.

❄ Selbstbemalte Kugeln zieren nicht nur auf sehr persönliche Art den Baum – sie lassen sich auch wirkungsvoll als Raumschmuck verwenden. Dazu bindet man je zwei Kugeln an die Enden unterschiedlich langer Gold- oder Silberschnüre und faßt die Bänder so zusammen, daß die Kugeln eine schillernde Traube bilden. Je mehr Kugeln man vereint, um so hübscher wirkt so ein Gehänge (siehe Abb. 44).

Glasvögelchen

Statt gläserner Kugeln kann man auch selbstbemalte Glasvögel an den Weihnachtsbaum hängen (siehe Abb. 45, Seite 66, vorne links). Allerdings sind diese kleinen dünnwandigen Kostbarkeiten, die es in Geschenkboutiquen und Porzellan- und Glasgeschäften gibt, ein etwas teurer Spaß. Bemalt werden sie genauso wie die Kugeln, und man hängt sie an möglichst dünnen Perlonfäden auf.

Glockenengel

Das braucht man: 1 Glasglöckchengehänge (= 5 verschieden große Glasglocken, wie Abb. 45, Seite 66, sie vorne rechts zeigt, die es so zu kaufen gibt), Bastelfolie in Gold und beliebigen anderen Farben, Engelshaar oder Lametta (je nachdem, was besser zur Farbe der Bastelfolie paßt), Knetwachs, Goldborte oder -spitze. Falls die Engel Arme bekommen sollen (siehe Abb. 45, Seite 66, rechts hinten), zusätzlich ein Stück dünnen Draht, kleine Kerzen ∅ 0,5 cm.

So wird's gemacht: Man nimmt das Glöckchengehänge zunächst auseinander, so daß man fünf einzelne Glocken hat, die jeweils einen Engelkörper bilden sollen. Aus Knetwachs formt man nun zuerst den Kopf mit einem dünnen Hals, den man oben in die Glockenöffnung drückt. Außerdem drückt man auch etwas Wachs (ca. 0,5 cm breit) außen um die Glockenöffnung – daran klebt man später im Nacken die Flügel fest; vorn wird das Wachs durch Haare oder Kragen verdeckt. Je nachdem, welche Farbe

Abb. 45. Ein bemaltes Glasvögelchen und drei Glockenengel (Den Glockensatz rechts im Bild gibt es fertig zu kaufen.)

das Kleid und die Flügel bekommen sollen, beklebt man den Kopf mit Engelshaar oder silbernen Lamettafäden. Für den Rock schneidet man ein Bastelfolienrechteck, 0,5 cm schmäler, als die Glocke hoch ist, und ca. 15 cm lang. Den Streifen rollt man dem Umfang der Glocke entsprechend zusammen und schneidet die Rolle oben mehrmals gleichmäßig spitzbogig ein, damit sie sich dem Glockenrund anpassen läßt. Nun schiebt man den Rock unter die Glocke, zerknüllt einen Folienrest und steckt ihn, so hoch es geht, unter den Rock, um ihm mehr Halt zu geben. Nun wird noch ein geschwungenes Flügelpaar aus Folie zugeschnitten und

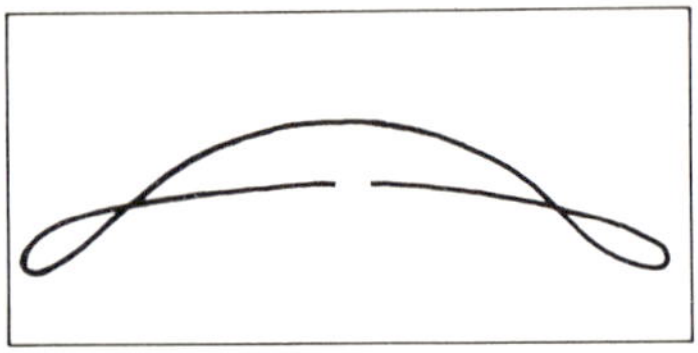

Abb. 46. So wird der Draht für die Arme des Glockenengels gebogen.

am wächsernen Nacken des Engels festgedrückt. Eine Krone aus Goldborte (bei Lamettahaar eine in den Wachskopf gesteckte flache Silberpaillette) vervollständigt das Ganze.

Engel mit Armen: Bei dieser Variante macht man dem Engel einen etwas dickeren und längeren Wachshals außen um die Glockenöffnung und drückt einen bügelförmig gebogenen Draht, wie Abb. 46 ihn zeigt, hinein. In die beiden Handschlingen rechts und links wird eine Kerze gesteckt, darum herum aus Knetwachs Hände und Handgelenke geformt. Die Arme werden mit leicht geknitterter Folie umwickelt und bekommen Goldbortenmanschetten angedrückt; der Hals wird mit einem breiten Goldbortenkragen verdeckt.

Metall- und Bastelfolie

Metall- und Bastelfolien, wie man sie heute kennt, sind zwar ein modernes Material – aber auch sie haben ihre Vorläufer und entfernten „Verwandten", die schon anno dazumal den Weihnachtsbaum schmücken halfen. Das gute alte Rauschgold zum Beispiel, auch Flitter- oder Knittergold genannt. Mit echtem Gold hatte es natürlich wenig zu tun; es war ein dünnes, fein poliertes und stark rauschendes Messingblech. Dann gab es da die „leonischen Drähte", die vor allem im letzten Drittel des 19. Jahrhunderts viel zu Weihnachtsschmuck verarbeitet wurden und die man heute fast nur noch in einer Variante, nämlich flachgewalzt, als Lametta kennt. Damals umspann man mit den gekrausten, zu Spiralen gedrehten oder glatten Silberfäden auch Glaskugeln und Wattefiguren, fertigte Sterne, Rosetten und viele andere Baumgehänge daraus an.
Aber zurück zur Folie. Man unterscheidet Bastelfolie, die aus einem beidseitig mit einer sehr dünnen Metallschicht kaschierten Papier besteht und sich besonders leicht verarbeiten läßt, und die „echte" Metallfolie. Letztere besteht aus purem, sehr dünn ausgewalztem Metallblech (meist Messing oder Aluminium), ist etwas empfindlich, da sie leicht knickt, und teurer als Bastelfolie. Beim Kauf muß man etwas aufpassen: Manche Firmen nennen auch ihre Bastelfolie einfach „Alufolie", was irreführend ist. Echte Metallfolien werden nie in Rollen, sondern nur blattweise in verschiedenen Din-Formaten angeboten – daran kann auch der Laie unterscheiden, was er vor sich hat. Beide Folienarten gibt es in Bastelgeschäften (Bastelfolie auch in Papierwarenhandlungen), und zwar außer in Gold und Silber in vielen anderen Farben. Metallfolie ist auf der Rückseite silbern, bei der Bastelfolie kann man meist wählen, ob beide Seiten gleichfarbig oder eine Seite silbern bzw. golden sein soll.

Beide Folienarten lassen sich mit einer normalen Schere schneiden und sind leicht von Hand zu biegen. Metallfolie kann man außerdem ohne besondere Werkzeuge gravieren und prägen, indem man mit einer Stricknadel positive oder negative Linien eindrückt und von der Rückseite mit einem stumpfen Gegenstand die Flächen herausarbeitet, die vorn plastisch hervortreten sollen (siehe Geschenkanhänger S. 72). Sie läßt sich auch mit Lasurfarben bemalen, was gerade bei Prägearbeiten sehr gut wirken kann.

Glanzrosette

Das braucht man: Bastelfolie (oder Metallfolie), Nadel und Faden, Schere.

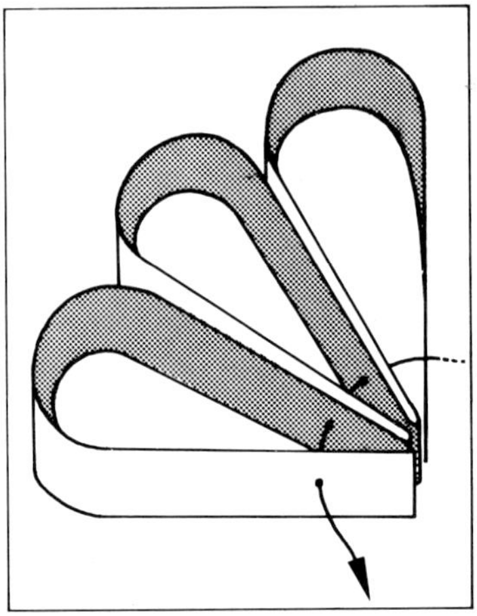

Abb. 47. Vier solcher Teile braucht man für die Glanzrosette aus Bastelfolie.

So wird's gemacht: 4 Folienstreifen 1 × 21 cm zuschneiden. Soll der Durchmesser der fertigen Rosette mehr als 6 cm betragen, längere Streifen schneiden; die cm-Zahl muß aber durch 3 teilbar sein. Jeden Streifen 7 cm von beiden Enden entfernt scharf nach innen kniffen, dann beide Enden nach außen biegen, wie Abb. 47 es zeigt. Die so entstandenen vier dreibogigen Teile auf einen langen doppelten Faden auffädeln, und zwar jeweils knapp oberhalb der schmalen Schnittkanten bzw. der Kniffe durchstechen (Abb. 47). Den Faden fest zusammenziehen (eventuell von einer zweiten Person helfen lassen, da die Rosette sonst leicht verrutscht) und verknoten, die langen Enden ebenfalls verknoten, so daß eine Aufhängeschlaufe entsteht (Abb. 51, Seite 70, hinten rechts).

Kerzenhalter

Das braucht man: Goldene oder andersfarbige Bastelfolie (je nachdem, welche Farbe die Kerze hat), ein kleines Stück Pappe, Schere, Zirkel.

So wird's gemacht: Einen achtzackigen symmetrischen Stern auf die Folie zeichnen (das geht am leichtesten, wenn man zwei Quadrate mit 10 cm Seitenlänge versetzt übereinander zeichnet, wie Abb. 48a es zeigt). Alle einander gegenüberliegenden Zacken mit dünnen Bleistiftlinien verbinden, dann Linien von den zwischen den Zacken liegenden Kerben zu den gegenüberliegenden Kerben ziehen (Abb. 48b). Den Stern ausschneiden. Jetzt mit dem Zirkel um den Sternmittelpunkt einen Kreis mit dem Durchmesser der Kerze ziehen und diese Scheibe herausschneiden. Nun alle Linien, die in Sternzacken enden, nach außen falzen, die anderen nach innen, so daß der Stern plastisch wird. Kerze einstecken und mit Wachs ein Stück Pappe darunter kleben (Abb. 51, Seite 70, Mitte).

❄ Eine „kinderleichte“ Bastelei, mit der sich eine adventliche Kaffeetafel rasch stimmungsvoll verschönern läßt. Übrigens kann man die Sterne auch ohne Kerze als Tischschmuck zwischen Tannenzweigen verwenden, indem man den runden Ausschnitt wegläßt.

Silbertropfen

Das braucht man: Silberne Bastelfolie, Klammerhefter oder Nadel und Faden, Schere, Kontaktkleber (z. B. Pattex compact).

So wird's gemacht: 8 etwa gleich große Stücke Silberfolie (es können unregelmäßige Abfallstücke sein), die etwas größer sind, als der Tropfen werden soll, aufeinanderlegen. Mit einem Klammerhefter oder mit Nadel und Faden in der Mitte zusammenheften. Auf die oberste Folie eine symmetrische Tropfenform aufzeichnen und in einem Arbeitsgang aus allen 8 Folien ausschneiden. Die Blätter fächerförmig auseinanderbiegen und an der Tropfenspitze mit

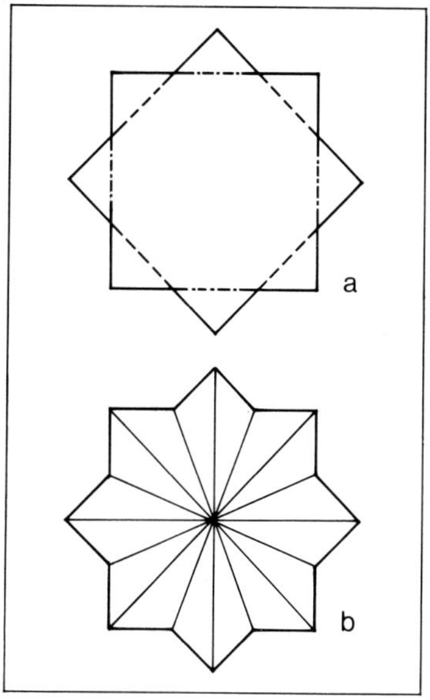

Abb. 48. a) Schnittmuster und b) Falzmuster für den Folien-Kerzenhalter.

Abb. 49. Die acht Kreissegmente des Tütensternchens werden über einen Bleistift gewickelt.

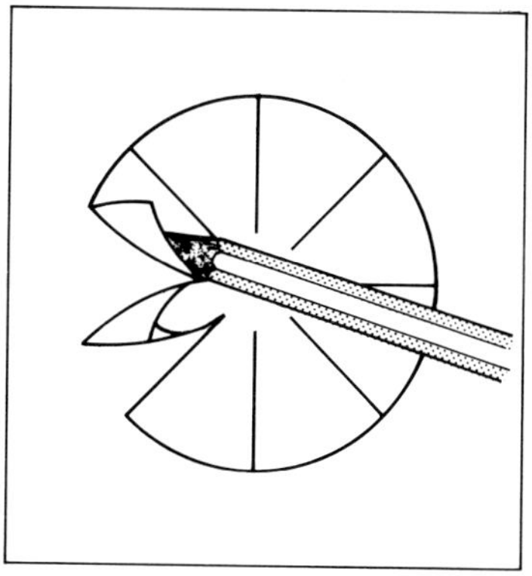

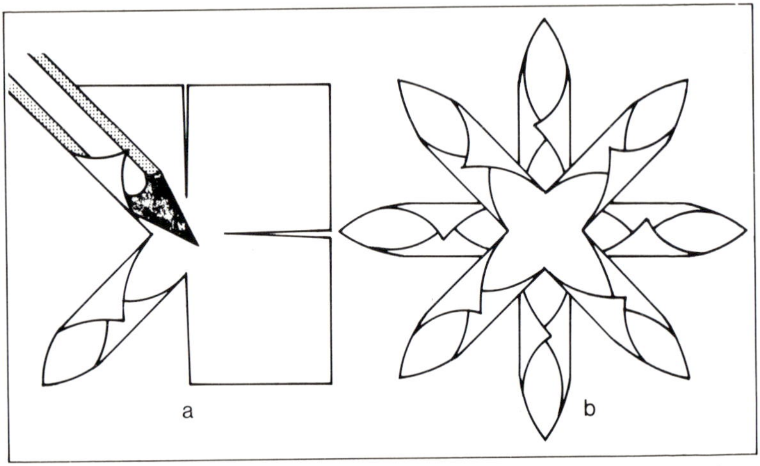

Abb. 50. a) Vier offene tütenförmige Spitzen erhält jedes der sechs Folienquadrate, aus denen der Kugelstern entsteht; b) So werden je drei Sterne versetzt übereinander geklebt.

Abb. 51. Tütensternchen, Silbertropfen, Glanzrosette und Kugelstern sind um den Kerzenhalter aus Bastelfolie gruppiert.

einem Tropfen Kontaktkleber den Faden zum Aufhängen befestigen (Abb. 51, vorn links).

❄ Diesen Baumschmuck kann man auch noch „in allerletzter Minute" in größeren Mengen herstellen – er ist blitzschnell fertig und glitzert hübsch im Kerzenlicht.

Tütensternchen

Das braucht man: Bastelfolie rot/gold, dünnen Goldfaden, Zirkel.

So wird's gemacht: Auf der roten Folienseite einen Kreis mit 7 cm Durchmesser ziehen und mit dem Bleistift in acht gleich große Felder unterteilen (Abb. 49, Seite 69). Scheibe ausschneiden. Die Teilungslinien bis etwa 0,5 cm vor dem Kreismittelpunkt einschneiden. Die acht Strahlen zu spitzen Tüten wickeln, indem man einen Bleistift mit der Spitze nach außen auf einen Kreisabschnitt legt und erst den linken, dann den rechten Teil über die Bleistiftspitze schlägt und einrollt (Abb. 49, Seite 69). Goldfaden doppelt nehmen und die Ecken zusammenknoten und so durch eine Sternspitze fädeln, daß der Knoten darin festhält (Abb. 51, hinten links).

❄ Abwandlung: jeweils zwei Sterne versetzt mit der flachen Rückseite gegeneinanderkleben, so daß ein Doppelstern entsteht, der von beiden Seiten gleich aussieht.

Kugelstern

Das braucht man: Zweifarbige Bastelfolie (z. B. rot/gold), Kontaktkleber (z. B. Pattex compact) oder Klebstoff (z. B. Pritt-Alles-Klebe-Creme), Schere.

So wird's gemacht: 6 Folienquadrate 4 × 4 cm ausschneiden. Jeweils mit zwei Bleistiftlinien die Mittelpunkte der sich gegenüberliegenden Seiten verbinden und diese Teilungslinien bis ca. 0,5 cm vor dem Quadratmittelpunkt einschneiden (Abb. 50a). Die Teilquadrate von zwei Ecken her, wie dieselbe Abbildung es zeigt, über einen Bleistift leicht einrollen, so daß vier offene, tütenförmige Spitzen entstehen. Je drei dieser Sterne versetzt mit Kontaktkleber oder Alleskleber (dauert länger!) im Mittelpunkt aufeinanderkleben (auf Abb. 50b sind nur zwei aufeinandergesetzte Sterne zu sehen, der dritte wird vom obersten „verdeckt"). Dabei benützt man zum Andrücken am besten einen umgedrehten Bleistift. Die beiden so entstandenen 12strahligen Sterne ebenfalls versetzt Rücken an Rücken zusammenkleben und nicht vergessen, dabei einen Aufhänger einzufügen (Abb. 51, vorne rechts).

❄ Die Sterne wirken am besten, wenn sie zierlich sind, also eher noch kleinere als die oben genannten Maße wählen!

Geprägte Geschenkanhänger ☐

Alle hier beschriebenen Geschenkanhänger, die Abb. 52 zeigt, wurden aus kupferfarbener Alufolie (Rückseite silbern) angefertigt. Man kann natürlich auch andere Farben wählen oder die Motive mit Lasurfarben (= transparente Glas- und Dekorationsmalfarben), die das Metall durchschimmern lassen, anmalen.
Für das Gravieren, Prägen und Perforieren braucht man eine weiche Unterlage, entweder einen Stoß Zeitungen oder eine mehrfach zusammengelegte Decke. Bevor man mit der geplanten Arbeit beginnt, probiert man am besten auf einem kleinen Stück Folie aus, ob die Werkzeuge geeignet sind, wie fest man drücken darf usw.

Das braucht man (bleibt für alle vier Arbeiten gleich): Alufolie, Garn für Aufhänger, Pauspapier, Schere, eine nicht zu spitze Kunststoffstricknadel, eine Häkelnadel Stärke 4 mit rundem Stil oder einen hölzernen Kochlöffel, eine weiche Unterlage.

Einfaches Gravieren (Apfel, Abb. 52 Mitte oben): Zunächst auf Pauspapier einen Apfel oder ein anderes Motiv aufzeichnen und den Namen des Geschenkempfängers hineinschreiben. Dann ein Rechteck in passender Größe aus der Folie ausschneiden. Mit Lineal und Stricknadel auf der Folienrückseite ringsherum wenige Millimeter vom Rand entfernt einen Rahmen ziehen. Jetzt das Pauspapier mit dem Motiv so auf die Folienrückseite legen, daß die Schrift spiegelverkehrt erscheint. Mit einem Bleistift nicht zu fest alle Linien nachfahren, so daß sie sich leicht auf die Folie durchdrücken. Das Pauspapier entfernen und die eingedrückten Linien vorsichtig mehrmals mit der Stricknadel nachziehen, bis sie auf der Vorderseite der Folie in der gewünschten Stärke hervortreten. Durch die oberen Ecken mit der Nähnadel farblich passenden Aufhängefaden ziehen.

Gravieren und Prägen (Rosette und Baum, Abb. 52) *Rosette:* Eine stilisierte Blume mit mehreren Blütenblätterkränzen auf Pauspapier zeichnen und mit Bleistift auf die *Vorderseite* der Folie leicht durchdrücken. (Wer sich im Zeichnen nicht gerade völlig unsicher fühlt, sollte ohne Pauspapier arbeiten – die dadurch vielleicht etwas unsymmetrischen Formen wirken oft reizvoller als haargenau ausgetüftelte Motive!) Rosette kreisförmig oder quadratisch umrahmt ausschneiden. Linien mit der Stricknadel auf der Folie – immer noch Vorderseite! – eingravieren. Jetzt Folie herumdrehen und von der Rückseite her die Flächen, die vorn plastisch hervortreten sollen, herausarbeiten. Dazu reibt man mit dem abgerundeten Stiel der Häkelnadel oder mit dem Kochlöffelstiel (bei sehr kleinen Flächen wie z. B. Sternspitzen mit der runden Hakenseite der Häkelnadel) das Metall unter gleichmäßigem Druck, so daß es sich dehnt und auf der anderen Seite herauswölbt. Dabei von der Mitte aus zu den eingravierten Linien hin arbeiten. In unserem Beispiel wurde so die kreisförmige Mitte und die zweite Blütenblätterreihe herausmodelliert, während der erste und dritte Blütenblätterkranz flach blieben. Zum Schluß eventuell mit Lasurfarben bemalen und farblich passenden Aufhängefaden durchziehen.

Tannenbaum: Dieser Aufhänger entsteht in der gleichen Technik wie die Rosette, nur wird hier die silberne Folienrückseite als Vorderseite verwendet. Also: Umrisse auf der silbernen Seite eingravieren, die plastischen „Christbaumkugeln" von der anderen Seite her herausreiben.

Abb. 52. Geschenkanhänger aus gravierter und geprägter Aluminiumfolie.

Gravieren, Prägen, Perforieren (Stern, Abb. 52 links): Der vierfache Stern wird zunächst wie die Rosette eingraviert bzw. modelliert. Danach werden alle Linien mit Ausnahme der Umrisse des kleinen Mittelsterns von der Vorderseite her mit einer Nähnadel perforiert, wobei die Einstiche möglichst dicht nebeneinander sitzen sollten. Zum Schluß Aufhänger durch die längste Sternspitze ziehen.

❄ Statt Strick- und Häkelnadel als Hilfsmittel zu verwenden, kann man auch spezielle Metalldrückwerkzeuge kaufen (Bastelläden). Das lohnt sich sicher dann, wenn das Prägen von Metallfolie zum Hobby wird. Außer

Geschenkanhängern lassen sich mit den geschilderten Techniken auch ungewöhnliche Weihnachtskarten und vieles andere gestalten. Eine weitere Möglichkeit: Gipsabdrücke von geprägter Metallfolie. Hierzu umrahmt man das jeweilige Motiv mit einem quadratischen oder rechteckigen Rahmen von 1 cm Breite und klappt diesen Rand nach Beendigung der Arbeit senkrecht nach oben. Dann pinselt man das ganze Innere sorgfältig mit Öl aus und gießt Gipsmasse hinein, die sich so nach dem Festwerden leicht ablösen läßt. Auf diese Weise kann man eine Arbeit beliebig oft vervielfältigen; die Gipsabdrücke werden mit Plaka- oder Deckfarbe bemalt und eignen sich z. B. als weihnachtlicher Tischschmuck oder als Baumanhänger.

Rauschgoldengel ☐ ⯭

Das braucht man: Goldene Bastelfolie, 1 m Draht, Stärke 1 mm (keinen dünneren Draht verwenden, da der Engel ein stabiles Gerüst und damit die nötige Schwere erhalten soll!), fleisch- oder orangefarbenes Knetwachs, 2 kleine rote Kerzen ∅ 0,5 cm, Engelshaar, ca. 50 cm breite Goldspitze, etwas Puder (z. B. einfachen Körperpuder), Wasserfarbe, einen sehr feinen Pinsel, Nähgarn, Nähnadel, Klebstoff (z. B. Pattex oder Pritt-Alles-Klebe-Creme).

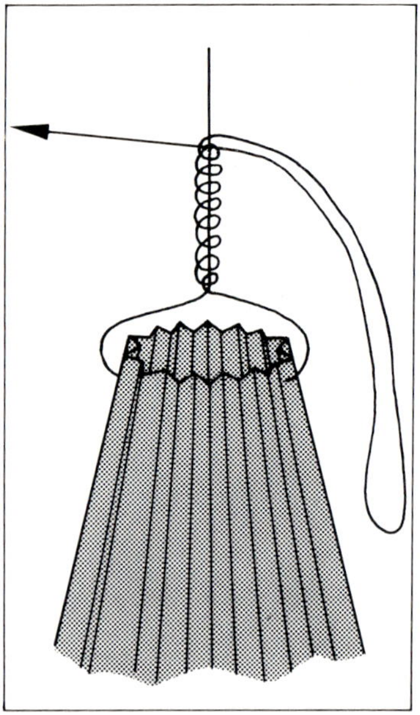

So wird's gemacht: Wenn der Rock wie in unserem Beispiel 12 cm hoch werden soll, braucht man dafür zwei Folienstreifen von der Länge der Folienrollenbreite und 13 bis 14 cm breit (diese Zugabe deshalb, weil die für den Rock benötigte „Ziehharmonika" beim Falzen sehr leicht schief wird und dann an einer Seite gerade geschnitten werden muß). Beide Streifen ziehharmonikaförmig falten (Falzbreite ca. 1 cm), an einer Seite – das ist später der Saum – begradigen und von dieser geraden Kante ausgehend beide Teile an beiden Enden so zusammenkleben, daß die Schnittkanten in der geklebten Falte jeweils nach innen liegen. Nun in der „Taille" Nähgarn

Abb. 53. So werden Arme und Oberkörper des Rauschgoldengels aus Draht geschlungen.

Abb. 54. Das Oberkörpergerüst ist hier bereits mit Wachs umkleidet, der linke (vom Betrachter aus rechte) Arm des Engels mit Hand und Handgelenk versehen und auf die richtige Länge zusammengebogen.

durchfädeln, zusammenziehen, verknoten. Den Draht jetzt ca. 12 cm weit quer durch die Taille stechen und beide Enden nach oben biegen. Den langen Drahtabschnitt eine Daumenbreite hoch (nicht höher, damit der Oberkörper nicht zu lang wird – kurz sieht er besser aus!) um den kurzen winden (der stehenbleibt und später den Kopf trägt), dann ein gutes Stück länger seitwärts führen, als der Arm lang werden soll (Grund wird weiter unten erklärt), und wieder zurück zum Körper (Abb. 53). Das gleiche auf der anderen Seite wiederholen. Den zum Körper zurückgeführten Draht zwei- oder dreimal an derjenigen Stelle eng um den gegenüberliegenden Arm schlingen, wo die Schulter liegen würde (darauf achten, daß der Engel schmalschultrig wird!), dann schräg zurück zur Taille, diese einmal umschlingen, Draht schräg aufwärts zum anderen Arm führen und die zweite Schulter markieren. Der Oberkörper besteht also jetzt ungefähr aus einem Drahtdreieck, dessen Spitze zur Taille weist. Den Rest des Drahtes kreuz und quer um dieses Oberkörpergerüst schlingen, damit es Festigkeit bekommt.
Nun ein Stück Knetwachs weichkneten (es sollte dann etwa walnußgroß sein), flachdrücken und um den Drahtoberkörper und ein Stück der Folientail-

le modellieren (siehe Abb. 54, Seite 75). In beide Armschlingen jetzt eine kleine Kerze einfügen, indem man den Draht jeweils davor und dahinter mehrmals zusammendreht. Zwei kleinere Stücke Knetwachs als Hände samt Handgelenk (wichtig!) um Draht und Kerze drücken. Jetzt biegt man den Draht des Armgerüsts schlangenförmig zusammen, wie Abb. 54, Seite 75, es zeigt, bis die Arme die richtige Länge haben. Durch diese Biegungen lassen sie sich später noch am fertigen Engel verkürzen oder verlängern, indem man sie einfach weiter zusammenschiebt oder auseinanderzieht.

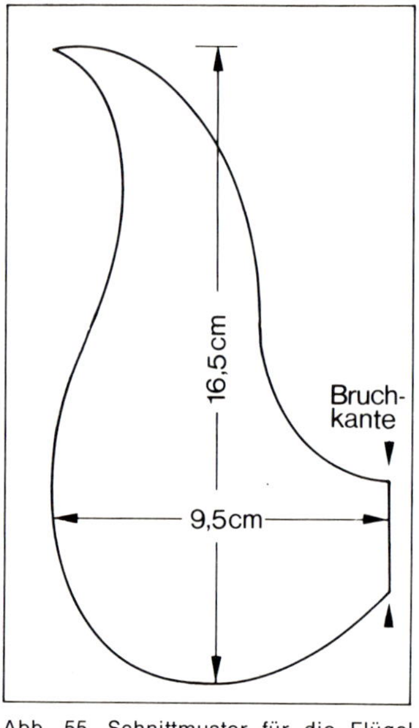

Abb. 55. Schnittmuster für die Flügel des Rauschgoldengels.

Für die Ärmel ein Folienrechteck so breit wie die Rockhöhe (hier 12 cm) und so lang wie der Abstand von Hand zu Hand plus 1–2 cm zuschneiden. Längskanten des Folienstückes ca. 0,5 cm nach innen umkniffen, dann die Folie abschnittweise in den Händen knittern und wieder auseinanderziehen. An den Längskanten in der Mitte von beiden Seiten ca. 4 cm tief einschneiden. Jetzt die Knitterfolie in der Mitte auf den Halsdraht spießen, auf den Oberkörper herunterziehen und zu Blusenärmeln um die Arme drapieren. Die Ärmelkanten jeweils in das wächserne Handgelenk drücken. Um die Kerzen Manschetten aus Goldspitze legen („Naht" oben auf den Arm) und im Wachs der Hände festdrücken. Jetzt für das Blusenoberteil ein schmales Folienoval (etwa 9 cm lang, 3 cm breit) schneiden, in der Mitte auf den Draht spießen und beidseitig festkleben. Besatz aus Goldspitze rund um dieses Oberteil so aufkleben, daß er über die Taille reicht (s. Abb. 56). Nun muß der Kopf aus Knetwachs geformt werden. Wichtig ist, daß man auch einen Hals daran modelliert und daß der Kopf eher länglich und schmal als zu rund wird (s. Abb. 54, Seite 75). Ehe man mit Wasserfarbe ein zartes Gesicht aufmalt, muß das Wachs leicht eingepudert werden, sonst nimmt es keine Farbe an. Dann beginnt man am besten mit der rechten Augenbraue, dreht den Kopf anschließend verkehrt herum und ergänzt so den zweiten Brauenbogen. Durch diesen

Abb. 56. Rauschgoldengel.

Trick erreicht man, daß die Brauen wirklich auf gleicher Höhe liegen und den gleichen Schwung bekommen. Wieder richtig herumgedreht ergänzt man mit dünnen Linien geschlossene Augenlider, zarte Wimpern, zwei Pünktchen als Nase und einen kleinen Mund.
Jetzt wird der Kopf vorsichtig auf den Draht geschoben und ein kleiner Kragen aus Goldspitze um den Wachshals gedrückt. Ober- und Hinterkopf mit Klebstoff bestreichen, eine Lage Engelshaar in der Mitte über den Vorderkopf legen, die beiden Enden über dem Hinterkopf kreuzen und lockig nach vorn ziehen. Falls am Hinterkopf noch eine kahle Stelle bleibt, mit einem kleinen Stück Engelshaar zukleben.
Unser Engel bekam noch einen Heiligenschein: Aus einem Stück gedrehter Goldschnur (von Pralinenschachteln) wurden zwei Fäden herausgezogen, dann ein Stück Draht hineingefädelt und die Drahtenden rechts und links in den Wachskopf geschoben. Statt dessen kann man aber auch eine kleine Krone aus Goldborte ins Haar drücken oder einen Heiligenschein aus kreisförmig geschnittener Goldfolie auf den Hinterkopf kleben. Zum Schluß wird noch ein Flügelpaar aus doppelt gelegter Goldfolie zugeschnitten (Form siehe Abb. 55, Seite 76) und nicht nur am Rücken, sondern auch hinten an den Unterarmen angeklebt, damit die Flügel sich schön rund um den Engel schmiegen und das Licht besser reflektieren (Abb. 56, Seite 77).

❆ Diese letzte weihnachtliche Bastelarbeit unseres Buches hat eine alte Tradition und paßt doch auch heute noch in manches Weihnachtszimmer oder auf die Christbaumspitze. Die ersten Rauschgoldengel gab es in Nürnberg – man findet sie bereits auf Stichen und Radierungen des 18. Jahrhunderts, wo sie meist in der Mitte der blühenden Weihnachtsbüsche prangten. Diese ersten Nürnberger Engel waren strenge, schlanke Gestalten mit quer plissierter Hemdbrust und geraden zylinderartigen Hüten ohne die uns heute „typisch" erscheinenden langen Locken. Später bekamen sie goldene Papierkronen in die Stirn gedrückt, und es entwickelten sich auch etwas lieblichere Figuren, die zum Teil gar keine Rauschgoldkleider mehr, sondern solche aus golddurchwirkten Stoffen oder Seide trugen. Unser hier beschriebener Weihnachtsbote steht zwischen diesen beiden Formen: ein wenig Alt-Nürnberger Strenge vereint mit sanft geschwungenen Flügeln und glänzendem Engelshaar . . .

Sinnvolle Freizeit

Festliche Gestecke für die Weihnachtszeit
Von Hermann Faust

Wie man mit Früchten, Kerzen und Tannengrün neue Ideen beim vorweihnachtlichen Schmücken verwirklichen kann, das zeigt ein Meister der Floristik in diesem Band. Wer nicht unbedingt am herkömmlichen Adventskranz festhalten will, der findet eine Fülle von Anregungen und erfährt auch, wie die hübschen Gestecke gepflegt werden müssen. Wesentlicher Bestandteil sind die Farbaufnahmen, die den Aufbau der einzelnen Arbeiten erkennen lassen.
64 Seiten, 23 Farb- und 5 SW-Fotos, 12 farbige Zeichnungen.

Advent! Advent!
Basteln, Backen und Brauchtum in der Vorweihnachtszeit
Von Heidi und Nina Hoegen

Für die erwartungsvollen Wochen vor dem Weihnachtsfest bekommen wir eine Fülle von Anregungen: ob es nun ein besonders leckeres Backrezept aus Schweden ist, ob es um „Batscherln" aus Österreich oder um selbst gestaltetes Geschenkpapier geht, – für jeden Tag vom 1. bis zum 24. Dezember erhalten wir einen Vorschlag zur vorweihnachtlichen Betätigung. Der Text wird durch zahlreiche Farbfotos und Zeichnungen unterstützt.
78 Seiten, 20 Farbfotos, 44 Zeichnungen im Text.

Kerzenziehen – Kerzengießen
Von Paul Collins
Alte Kunst – neues Hobby

Kerzen haben nichts von ihrer Faszination verloren, doch während die Herstellung früher ausschließlich zu Hause praktiziert wurde, ging das Wissen hierum in der Gegenwart verloren. Heute besinnt man sich wieder auf dieses reizvolle Handwerk, an das sich der Hobbybastler ohne große Mühe wagen kann. Gerade in der Vorweihnachtszeit gewinnt diese wiederentdeckte Kunst besondere Bedeutung, ist doch kein Adventschmuck ohne die Krönung durch Kerzen denkbar.
72 Seiten, 16 Fotos, 51 Zeichnungen im Text.